斎藤 環

中高年ひきこもり

GS
幻冬舎新書
579

はじめに

ひきこもりの問題は、ふだんあまり表に出てきません。当事者は自宅や自室からほとんど外に出てきませんし、家族もその存在を世間に知られたくないため、近所に隠していたりもします。実際には膨大な人数のひきこもりが存在し、いまなお増加を続けているにもかかわらず、水面下の目に見えないところで存在しているために、社会が問題意識を持ちにくい。それがこの現象の大きな特徴と言えるでしょう。政府や自治体などの対応がなかなか進まないのも、それが一つの要因です。

とはいえ、この問題はいつも水面下に隠れているわけではありません。ときおり突発的に世間の注目を集め、多くの人々がひきこもり問題について熱心に語り始めることがあります。それは、ひきこもりが関係する大きな事件が発生したときです。

ここでちょっと昔話をしましょう。私は一九九八年に、『社会的ひきこもり　終わらない思春期』（ＰＨＰ新書）という本を書きました。博士論文として書いたものを、一般書向けに仕立て直したものです。

当初の売れ行きは一万部程度。まったくの新人の著書にしては健闘したと思いますが、新書としては決して「売れた」とは言えません。ところが刊行から二年後に、突然それが一〇万部を超えるベストセラーになりました。次から次へと大量の新刊が出てくる新書マーケットで、既刊本がそんなタイミングで急に売れ始めることは滅多にありません。

では、いったい何があったのか。もうお忘れの方も多いと思いますが、本が売れたきっかけは、二〇〇〇年に世間を騒がせた二つの事件です。

まずその年の一月に、新潟県柏崎市で九年以上にもわたって少女がひきこもり男性に監禁されていたことが発覚しました。いわゆる「新潟少女監禁事件」です。母親が同居していたにもかかわらず、九歳の少女が一九歳に成長するまで二階の男性の自室に監禁されていたこの事件は、大きな驚きをもって受け止められました。

さらに同年五月には、「西鉄バスジャック事件」が発生。不登校で家庭内暴力もあった一七歳の少年が高速バスを乗っ取り、三人の死傷者を出した事件です。家族が本人の了承を得ずに医療保護入院をさせたのですが、凶行を起こしたのはその入院先からの外泊日。犯人がインターネットの掲示板「2ちゃんねる」に犯行予告を書き込んでいた点も注目されました。

のちほど説明しますが、この二件の加害者は、いずれも「ひきこもり」の厳密な定義に当てはまるとは言えません。しかし発生当時は、多くのメディアで「ひきこもり男性による犯罪」と見なされました。ずっと水面下で増加していたひきこもりの存在が、世間で大きく浮上したわけです。ひきこもりに関する解説書などがまだ少なかったこともあって、私の著書はそのときから急に需要が増えました。

その本の中で、私は日本国内におけるひきこもりの総数をおよそ数十万人と見積もっています。しかも、放っておけばその数は年月が経てば経つほど増える一方だと考えていました。これは当事者や家族が苦しむだけでなく、社会全体にとっても深刻な問題です。

事件が起きたことは残念ですし、ひきこもりを犯罪者予備軍と見なすのも大きな間違いなのですが、ふだんは目に見えないひきこもり問題が世の中で広く注目されること自体は、悪いことではありません。実際、それ以前のまったく注目されていなかった時代にくらべれば、世間の理解はそれなりに進んだと思います。

しかし二つの事件が忘れ去られるにつれて、ひきこもり問題への関心も薄れていきました。世の中の関心がなくなれば、公的機関も積極的に動こうとはしません。支援団体などのモチベーションも上がりにくいでしょう。時が経てば経つほど問題は大きくなっていくのに、社会的な対策はなかなか前進しない状態が長く続いていたのです。

そんなひきこもり問題への関心を再び高めたのは、またしても「二つの事件」でした。

本書の企画が立ち上がったのはその少し前、内閣府が中高年を対象にしたひきこもりの調査結果を発表したときです。それによると、四〇～六四歳のひきこもり状態にある人は全国に六一万三〇〇〇人。この推計値は世の中に大きな衝撃を与えました。

しかしこうした数字は実態よりも少なめに出る傾向があり、私の推定では少なくともその二倍はいます。現時点で日本全国でひきこもり状態にある人はおそらく二〇〇万人以上にのぼり、その半数が中高年でしょう。放っておけば、新たなひきこもりが増え続け、そのまま社会参加せずに高齢化していくのですから、数字はどんどん増えていきます。対策を講じなければ、いずれ「ひきこもり一〇〇〇万人社会」が訪れる。そんな予想も決して非現実的なものではありません。

国民の一〇人に一人がひきこもり状態などということになれば、日本の社会保障制度に甚大なダメージを与え、国力の低下は避けられません。私は「憂国の士」を気取るような柄にないことをするつもりはありませんが、政治の中枢にいる方々にも私の危機感を共有していただくべく、こうしたわかりやすい煽り方をする場合もあります。

そんな危機感から本書の企画を進めていたときに、立て続けに「二つの事件」が起きました。こちらはまだ記憶に新しいでしょう。まずは二〇一九年五月二八日、神奈川県川崎市のバス停で、五一歳の男が登校中の小学生ら二〇人に刃物で襲いかかり二人を殺害した通り魔事件。そして、そのわずか四日後に東京都練馬区で七六歳の元農林水産省事務次官が四四歳の長男を刺殺した事件です。加害者と被害者という違いはありますが、どちらも「中高年ひきこもり」が関与した事件でした。

二〇〇〇年の「二つの事件」から、一九年。推計二〇〇万人以上の集団であるにもかかわらず、これだけ長期間にわたってほぼ大きな事件がなかったことは、ひきこもりが「犯罪者予備軍」どころか、犯罪とはほぼ無縁の集団であることを物語っています。

しかし内閣府の調査結果が明らかになった直後だっただけに、二つの事件は「中高年ひきこもり」に対する世の中の関心や危機感をさらに高めました。事件自体はひどく不幸な成り行きではありますが、「ひきこもり一〇〇〇万人社会」の到来を食い止めるには、いまこそ有効な対策を立てるために正しい知識を広めるべきでしょう。

関心が高まり、報道の量が増えれば、ひきこもりに対する誤解や偏見なども広がりやすくなります。その意味でも、新しい入門書が欠かせません。また、ひきこもりという現代的な問題を知ることで、いまの社会全体について考えていくためのヒントも得られるのではないかと思います。

中高年ひきこもり／目次

編集協力　岡田仁志
図版・DTP　美創

第一章 中高年ひきこもり一〇〇万人の衝撃

もはや「思春期の問題」ではない

まずは「ひきこもりとは何か」という話から始めましょう。

一般的に、「ひきこもる」は「外に出ないで閉じこもる」という意味ですから、誰でも一時的にそういう状態になることはあります。私自身、研究や原稿執筆などで忙しいときは、しばしば仕事部屋にひきこもった状態になります。「明日は台風だから、一日ひきこもりだな」などということもよくあるでしょう。

しかし当然ながら、本書で扱う「ひきこもり」はそういう一般的な言葉とは違います。とはいえ、専門的な定義もそんなに難しいものではありません。厚生労働省や内閣府の調査用の定義はいろいろありますが、基本的には次の二つをベースにしています。

（一）六カ月以上、自宅にひきこもって社会参加をしない状態が持続すること。
（二）ほかの精神障害がその第一の原因とは考えにくいこと。

一つめの定義で重要なのは「社会参加」の有無です。社会参加とは、学校や職場などに行くことだけではありません。友人や恋人などとの交流も含みます。しかし、ひきこもりの場合、家族以外に親密な関係の友人や知人を持たないことがほとんどです。家族とだけ関わりがあっても、社会参加がないのが、ひきこもり。ですから、たとえ家族と旅行に出かけることがあっても（つまり外出はできても）、社会参加がなければ「ひきこもり」と見なします。まれに、ひんぱんに外出はするものの、常に単独行動という人もいますが、定義上は「ひきこもり」と見なされます。

二つめの定義は、ややわかりにくいかもしれません。たとえば統合失調症やうつ病などの精神障害は、その障害に伴う症状として、ひきこもってしまうことがあります。「ひきこもり」の元となった「社会的ひきこもり」という言葉は、そうした症状名である「Social Withdrawal」（ソーシャル・ウィズドローアル）の直訳だったのです。精神障害によって起こるひきこもりの場合、その原因疾患を治療することで、ひきこもり状態から回復する可能性があります。このため、原因になんらかの精神障害がある場合は、「ひきこもり」には含めません。ただ近年、精神障害そのものが軽症化しつつあり、対応上はここまで厳密に区別できない、あるいはしなくても済む事例が増えているような印象はあります。

ひきこもりそのものは、病気ではありません（ただし、ひきこもりが原因でなんらかの精神症状が生ずることはあります）。これについてはのちほど詳述しますが、「ひきこもり」はあくまでも（一）のような「状態」を意味する言葉であることを忘れないでください。状態という表現はわかりにくいかもしれませんが、たとえば「不登校」にしても「ホームレス」にしても、病名ではないけれどなんらかの支援が時に必要となる「状態」であり、それらと同様に考えていただければと思います。

じつは、二〇年ほど前に書いた『社会的ひきこもり』の中で、私はもう一つ「二〇代後半までに問題化すること」という項目をひきこもりの定義に入れていました。当時はひきこもりの九割程度が不登校経験者であり、そのためこれは「思春期の問題」だと考えられたからです。当時の私は、就労経験のある大人がひきこもりになるケースはまだ見たことがありませんでした。

その項目を定義から削除したのは、状況が大きく変わったからです。もはや、ひきこもりは思春期だけの問題ではありません。四〇～六四歳の「中高年ひきこもり」が推計値で六一万三〇〇〇人いることを明らかにした内閣府の調査によると、そのうち五七・四％もの人が四〇歳以降にひきこもりを始めています。

当然、きっかけは不登校ではありません。四〇歳以上でひきこもりになった人たちは、

「退職」「病気」「人間関係がうまくいかなかった」「職場になじめなかった」といったことがきっかけだったと回答しています。

内閣府の調査結果を受けて、厚生労働省の根本匠大臣（当時）は「大人のひきこもりは新しい社会的問題だ」と語りました。これは、いささか時機を逸した発言です。私は二〇年前から、ひきこもりの高齢化がいずれ大問題になることを指摘し、警鐘を鳴らしてきました。

中高年ひきこもりは、思春期に不登校をきっかけにひきこもり、そのまま四〇歳を過ぎた人たちだけではありません。それに加えて、就労経験ののちにひきこもるケースが増えてきたことが、中高年ひきこもりの数をさらに増やしているのです。

ひきこもりの七〇％以上が「四〇歳以上」の自治体も

二〇一九年に発表された今回の内閣府調査まで、政府は一五～三九歳の若者だけをひきこもり調査の対象にしてきました。二〇一六年に発表された前回の調査では、その年齢層だけで全国に五四万一〇〇〇人のひきこもり状態にある人がいると推計しています。

これに今回の調査で判明した「四〇～六四歳」のひきこもりを単純に加えると、その総数は一一五万四〇〇〇人。これでも十分に驚くに値する数字ではありますが、実数には程遠いでしょう。

　私がそう考える根拠の一つは、これまでに各地で行われてきた自治体ごとの調査結果です。そちらは以前から、若者だけではなく中高年も調査対象にしてきました。そして、政府の調査よりも自治体調査のほうがはるかに高い数値を示しています。

　たとえば、二〇一二年に東京都町田市の保健所が二〇～六四歳の市民を対象に実施した調査では、五・五％が「自分または家族がひきこもり状態にある」と回答。さらに、「近所の人、親戚・知人の中にひきこもり状態の人がいる」が二三・七％。その「いずれにも当てはまる」も二・三％あり、すべてを合わせると三一・五％にもなります。

　また、ひきこもり問題への積極的な取り組みで知られる秋田県山本郡藤里町の社会福祉協議会では、二〇一〇年からおよそ一年半かけて全戸調査を実施しました。藤里町は、白神山地の南にある過疎の町。町民はおよそ三八〇〇人、一八～五五歳の現役世代は一二九三人ですが、驚くべきことに、そのうち一一三人がひきこもり状態にあると判明しました。現役世代の九％弱が、ひきこもり。単純に日本の人口に当てはめると、一〇〇〇万人を超えてしまうほどの割合です。

深刻なのはそれだけではありません。藤里町の調査では、ひきこもり状態にある一一三人のうち五二人が四〇歳以上でした。ほぼ半分が中高年ということですが、ほかの自治体の中には、それ以上にひきこもりの高齢化が進んでいるところもあります。たとえば山梨県では六〇・四％、佐賀県ではなんと七一・三％が四〇歳以上でした。

　ひきこもりは家族が世間体を気にして近所にも隠していることが多いぐらいなので、質問用紙を各家庭に配布して回収するアンケート調査で、みんなが率直な回答をするとはかぎりません。そのため結果は常に実情よりも控えめな数字になります。しかし住民と距離の近い自治体の調査のほうが、政府の全国調査よりもやり方がきめ細かく、実態に近い数字になると考えてよいでしょう。

　だから私は、政府調査の「中高年ひきこもり六一万人」「全体では一一五万人」という推計値はかなり控えめな見積もりだと見ています。自治体調査の数字と合わせて推測すると、中高年のひきこもりは少なくとも一〇〇万人、全体ではその倍の二〇〇万人と考えるのが妥当でしょう。それだけ多くの人たちが、家族としか関係を持たず、社会参加をしていない。それが日本社会の現実です。

「8050問題」を放置すれば社会保障制度は破綻

そして、何も手を打たずに放っておけば、ひきこもりは今後も増える一方です。ひきこもり状態のほとんどは、時間が経てば自然に解消するものではありません。また、さまざまな支援によってひきこもり状態から社会復帰を果たす人の数は、どんなに多く見積もっても年間に数千人程度です。それに対して、毎年万単位で「新規参入」があるのですから、現状の支援レベルではまったく追いつきません。

先述したとおり、昔のひきこもりは九割ぐらいが不登校経験者でした。現在、不登校からそのままひきこもりに移行する人は全体の二割弱ですが、割合が減ったからといって、それがひきこもりへ向かう主要ルートの一つであることに変わりはありません。そして、いまは不登校が小中学生だけで一六万人以上という史上最多の人数になっています。そこからひきこもりになる人は今後も多いでしょう。

それに加えて、いったん社会人になってから退職してひきこもりになる人も増えています。そこに向かうルートが増えた以上、ひきこもりの増加ペースはどんどん加速していくかもしれません。現状でも焼け石に水のような支援しかできていないのですから、政府が本気になってこの問題に取り組み、有効な対策を講じなければ、日本社会の未来は暗澹《あんたん》たるものになってしまいます。

その暗い未来を象徴するのが「８０５０問題」という言葉です。ひきこもりの長期化と高齢化によって、八〇代の親が五〇代の子の世話をせざるを得ない家庭が増えました。内閣府の調査によると、中高年のひきこもりのうち、自分自身で生計を立てていると答えたのは三〇％弱。それ以外は、約三四％が父親か母親、一七％が配偶者、九％弱は生活保護などで生計を立てています。

当事者の高齢化は、孤独死や衰弱死の問題にもつながります。

二〇一八年一月、札幌市内のアパートの一室で、二人暮らしの母親（八二歳）と娘（五二歳）と見られる遺体が見つかりました。報道によれば娘は長年ひきこもり状態で、道警は母親が先に亡くなり、一人になった娘は誰にも気づかれずに衰弱死したと見ています（二〇一八年三月五日付　北海道新聞）。

あまりにも悲劇的な事例ですが、じつはこうした家庭は全国に少なからず存在するのです。控えめに見積もって数万世帯という規模で。

私は二〇一五年に、自分が主宰しているひきこもり家族会のメンバーにアンケート調査を行い、その結果を日本社会精神医学会で発表したことがあります。一三三人の回答を解析した結果、ひきこもっている当事者の平均年齢は三四・四歳、親の平均年齢は六五・五歳、平均ひきこもり期間は一二年一一カ月でした。

　高齢化の原因は二つあると推定されます。一つは「初発年齢」の上昇です。二〇年前の調査では、最初にひきこもり始める平均年齢は一五歳でした。現在はそれが二一歳まで上昇しています。これは、かつてのひきこもりのきっかけのほとんどが「不登校」であったのに対して、現在はいったん就労してから退職後にひきこもる事例が増えたためと考えられます。

　もう一つの理由が長期化、超長期化です。先ほどのデータにも示したとおり、平均ひきこもり期間は約一三年ときわめて長期にわたります。後述するように、一度ひきこもった人は、自力でそこから脱出することはきわめて難しい。ほとんどの場合はそのまま長期化してしまうことになります。この現実もまた、高齢化の大きな要因となっています。

　高齢の親がひきこもる子の面倒をみる生活は、どう考えても長続きはしません。いずれ親は亡くなり、社会参加できない子は生計を立てる術《すべ》を失います。

　そのとき、五〇代や六〇代のひきこもりはどうするか。自分で生活保護の申請ができればまだ救いはありますが、なにしろ家族以外の世間と関われないのがひきこもりですから、申請手続きのために役所に行くことさえ難しい人も多いでしょう。一人取り残された自宅にひきこもり続けて、座して餓死を待つしかなくなる可能性もあります。したがって「8050問題」を放置すれば、やがて孤独死が大量発生する時代が来るでしょう。また、みんなが生活保護を受けて生計を立てられたとしても、こんどはそれが社会保障制度を破綻させかねません。

暗い見通しばかりで恐縮ですが、これまで起きてきた事実に基づいて予測するなら、それ以外の見通しを持つことはできません。ある日突然、ひきこもりが一斉に家を出て連帯し始める、といった奇跡でも起こらないかぎり、そのいずれかが起こります。この状況を少しでも変えて、より良い未来を選択しようと思うなら、政治的・制度的レベルでの変革は避けて通れないでしょう。

もちろん「親亡きあと」以前に、親の存命中にも、問題が起きないわけではありません。同居している親に介護が必要になったら、どうなるか。ひきこもりの人は外部の人間が家に入ってくることを嫌うので、ヘルパーに頼ることができず、自分で面倒をみることになります。

しかし多くの場合、ひきこもり当事者と家族の関係はあまり良好ではありません。親は日頃から「いつになったら働くのか」「いい加減に自立しなさい」などときつい言葉で子を責めていることが多いからです。責めたくなる気持ちは理解できるのですが、本人にとっては「言われなくてもわかっている」ことばかりなので、そういう叱責は逆効果。むしろ本人は自分の存在を全否定されたような気持ちになり、傷ついたり怒りを覚えたりします（家族との対話がどうあるべきかは後述します）。

そういう親が介護される立場になり、わがままな要求をするようになると、ひきこもりの子の心中は穏やかではないでしょう。かつて自分がかけられた叱責の言葉などを思い出して怒りにかられれば、まともに介護しないかもしれません。それどころか、弱った親を虐待してしまうおそれもあります。

川崎通り魔事件はなぜ起きたのか

親が八〇代にもなれば、ひきこもっている本人もいまの生活がいつまでも続かないことはわかっているでしょう。「わかっているならひきこもりをやめて就労すればいいだろう」と思う人も多いでしょうが、「このままではいけない」とわかっていても、いや、わかっているからこそやめられないのが、ひきこもりです。このあたりの心理は、依存症とよく似ています。依存症患者は、お酒を（あるいは薬やギャンブルを）やめなければならないのはわかっている。しかし、やめようと決断すればするほど、やめることが難しくなるのです。

彼らは甘えているわけでも、怠けているわけでもありません。長期化するひきこもりは、家族の思惑、社会からの偏見やプレッシャー、本人の苦しさなどのさまざまな要因が複雑にからみ合って生じる現象であって、本人が自ら「ひきこもろう」と意思決定しているわけではないのです。

だから、いずれ親が老いて要介護状態になったり、自分より先に亡くなってしまったりすることがわかっていても、その将来に備えて行動することはできません。とはいえ、収入が途絶えることへの不安は強く持っています。その不安が高じて精神的に追い詰められれば、自暴自棄になって過激な行動に走ってしまうこともあるでしょう。二〇一九年五月に川崎市のバス停で起きた事件には、そういう側面もあっただろうと思われます。

ただし、あの事件は通常のひきこもりとは大きく異なる事情もありました。事件の状況や経緯については報道されたことからの推測を交えてお話しすることになりますが、あの事件を起こした五一歳の男性は、両親の離婚をきっかけに伯父に引き取られ、その家の実子とは区別されて育ったそうです。伯父伯母とは顔を合わせないようトイレや食事のルールを作り、長いあいだ孤立状態で生活していたと報じられました。これは、実の親と同居する通常のひきこもりとは決定的に違う環境だと考えざるを得ません。

川崎市の会見によると、伯父伯母は二〇一七年一一月から一四回にわたって市の精神保健福祉センターに相談をしていました。自分たちが高齢になったので、訪問介護サービスを受けたい。しかし自宅に他人が入ったときにひきこもっている甥が拒絶感を示すかもしれないので、心配になったのでしょう。

そして二〇一九年一月、伯父伯母は市のアドバイスにしたがって甥に手紙を書き、彼の部屋の前に置きました。数日後、それを読んだ甥から「洗濯、買い物など自分のことはちゃんとやっている。好きこのんでこの生活をしているので、ひきこもりのような状態ではない」と反論があったそうです。

しかし、その言葉を額面どおりに受け止めるわけにはいきません。伯父伯母に依存した生活をしている以上、この手紙が本人に危機感を抱かせ、追い詰められた心理状態にさせた可能性はあります。「いよいよ伯父伯母が自分を切り捨てようと考え始めた」「この生活はもう終わりだ」と受け止めたかもしれません。

あとで詳しくお話ししますが、ひきこもりに悩む家族を支援する民間業者の中には、本人の意向を無視して無理やり拉致監禁をするような悪質なところもあります。もしかしたら彼の中には、伯父伯母がそういうところに自分をゆだねてしまうのではないかという恐怖心もあったかもしれません。いずれにしろ、彼が犯行に使用した包丁を購入したのは、伯父伯母から手紙をもらった翌月のことでした。

　断っておきますが、私はいかなる意味でもこの加害者男性を免責しようとは思いませんし、もし自殺せずに逮捕されていたら、犯した罪に見合った刑罰を受けるべきであったと考えています。もちろん彼の生活を支えていた伯父伯母を責めるつもりはありませんし、事情があったとはいえ両親のいない甥の面倒を成人後もみ続けた苦労をねぎらいたい思いもあります。

　しかし、こうした事件を未然に予防し得たか否かという視点に立つなら、さまざまな可能性を考えてみることは許されるでしょう。とくにこのケースでは、甥への関わりが十分ではなかったのではないかという印象もあります。伯父伯母は本人の顔をしばらく見ていなかったため、死亡した犯人の身元確認ができず、警察は犯人の指紋と自宅の指紋を照合しなければなりませんでした。甥への関わりがもっとあれば、顔がわからないという事態は避けられたのではないでしょうか。やむを得ない事情があったとはいえ、甥が長期間、かなり厳しい孤立状況にあったのは確かなように思えます。

もっとも、そのあたりが実の親と同居する場合とは大きく異なる点でもあります。甥も血のつながった身内ではありますから、愛情はあったと思いますが、やはり実の子とは距離感が違います。実の親のように「この子の将来を何とかしたい」と親身に考えることはなかなかできず、「処理すべき困った問題」としてとらえていたような雰囲気を感じざるを得ません。もちろん、ひきこもり対応の知識なしにその立場になれば、誰でもそうなるのは無理のないことだとは思いますが。

テレビとゲーム機しかない部屋が物語る「孤立」

ところで、川崎の事件の容疑者は、二〇代のころは雀荘に勤めたことなどもあり、ある程度の社会性はあったようです。しかし中学校の卒業アルバム以降の写真がほとんどないところを見ると、知り合いはいても、一緒に写真を撮るような親密な人間関係や環境はなかったのでしょう。

また、携帯電話やパソコンを持たず、インターネットを使えない環境で生活していた点も、いまどきの五〇代男性としては、社会とのつながりにひどく無関心だったように見えます。ひきこもっている人の部屋と言えば、多くの人がゴミ屋敷のような散らかった室内を連想するでしょうが、彼の自室にはテレビとゲーム機ぐらいしかなく、そのあまりの「何もなさ」が、ひどく印象的でした。

深読みのしすぎかもしれませんが、私にはそれが彼の孤立した心象風景と重なって見える気がします。人とつながった痕跡がなく、趣味を楽しんだ痕跡もない。長くひきこもりの人を見てきた私でさえ、かなり異様な印象を受けます。死亡してしまったので、彼に精神疾患があったかどうかはわかりませんが、家庭環境や暴発した状況などを見るかぎり、決してこのケースはひきこもりの典型とは言えません。この特異な事例をもって、ひきこもり一般を「犯罪者予備軍」のように語るのは大いなる偏見です。

練馬・長男の傲慢な発言の裏にある自責と自虐

一方、川崎通り魔事件の四日後に元農林水産省事務次官の父親に刺殺されてしまった長男のほうは、典型的なひきこもりだったように思います。オンラインゲームに熱中し、ツイッターでの情報発信も盛んにしていたので、ネット上ではそれなりの社会性があったようですが、家族以外に親密な関係があった痕跡は見あたりません。

ちなみに「ゲームばかりやっている」のはひきこもりの特徴だと思われていますが、後述するように実際はそうではないので、この点では彼もひきこもりの「典型」とは言えません。むしろ、かなりアクティブなタイプと言えるでしょう。

また、テレビ局関係での就業経験はありますが、退職してからは親のお金で生計を立て、ゲーム三昧の暮らしをしていたようです。一〇代のころは私立の有名進学校に進み、両親からも溺愛されていたようですが、もう四四歳ですから家族にとっては心配でたまらなかったことでしょう。

ツイッターでは、こんな発言もしています。

〈庶民が、私の父と直接会話なんて、１億年早いわヴォケ！！！ｗ　立場を弁えろ！！！私は、お前ら庶民とは、生まれた時から人生が違うのさｗ〉

〈ここを見ている２ちゃんのニートちゃん達へ　２０１８年５月　支払い予定分のご利用明細合計３２３，７２９円　これが今月の私のクレカの支払額だ。君達の両親が必死で働いて稼ぐ給料より多いんだよｗ〉

こうした発言が「傲慢だ」とネットでは叩かれました。しかし私は、一見傲慢な言葉の陰に、ひどく自暴自棄なニュアンスを感じます。四〇代半ばになっても何も達成できずに親がかりの暮らしを続け、まともな人間関係も築けていないことへの自責と自虐。その裏返しが、ツイッターでの尊大な発言だったのではないでしょうか。

「俺の人生は何なんだ」とも、彼は叫んだそうです。その背景には、自分の人生がうまくいかないことを親のせいにする気持ちがあったかもしれません。実際、「自分がこうなったのは親の責任だから、最後まで親に面倒をみてもらう」というひきこもりの子はよくいます。しかし、本当にすべて親の責任だと思っているわけではありません。内心では、親に対する申し訳なさや自分自身のふがいなさなども感じています。彼の場合も、エリートだった父親の顔に泥を塗った恥ずかしさなどを多少なりとも感じていたでしょう。

本人も親も暴発させない支援のあり方とは

彼は、事件の一週間前に一人暮らしをやめて実家に戻ったそうです。資産家らしいので、経済的な理由ではなかったでしょう。ゴミ出しなどをめぐって近隣とトラブルがあったとも伝えられていますが、転居の理由はわかりません。多忙だった官僚の仕事を引退して時間的余裕のできた父親が、これまで関わってこなかった息子と向き合い、何とか立ち直らせようと考えた可能性もあります。

いずれにしろ、ひきこもりの子と親が同居するのはまったく悪いことではありません。独居のひきこもりは、そのまま何も変わらずに固定化するケースが大半です。働かなくても食べていけるだけの潤沢な仕送りがあり、干渉してくる家族もいないのでは、その状態を変えるきっかけが得られません。したがって私も、ひきこもりの家族には基本的に同居を勧めます。

ところが彼の場合、実家に戻ってすぐに家族に暴力をふるい始めました。そのため父親は「殺さなければ殺される」と絶望してしまったのではないでしょうか。

四日前に起きた川崎市の事件が影響を与えたのではないかという見方もありますが、それはわかりません。暴力をふるうわが子を見て、川崎の犯人と同じように外で他人を襲ったりする前に自分で……と思った可能性もないわけではないでしょう。

しかし仮にそうだったとしても、ひきこもりの暴力性が外に向けられるのはきわめてまれなことであり、父親が抱いたかもしれない危機感は杞憂にすぎないことは強調しておく必要があります。また、家庭内暴力をふるう子が親に殺される事件は過去にもありました。もし川崎の事件がなくても、同じ結果になった可能性は十分にあります。そういう悲劇をなくすことも、今後のひきこもり支援対策の大きなテーマの一つとなるでしょう。

ひきこもり支援のあり方を考える上では、川崎と練馬の事件がじつに対照的であったことにも注目しなければなりません。

川崎のほうは、家族（伯父伯母）が自分たちで対処するのが困難と考え、外部の第三者に頼ろうとしました。その結果、このままでは見放されると思い込んだ本人が暴発した。それに対して練馬のほうは、家族が誰にも頼らず自分たちだけで解決しようと思い詰めた結果、子殺しという形で親が暴発してしまったわけです。

これは、どちらも得策ではありません。具体的な方法や考え方については別の章にゆずりますが、ひきこもりからの社会復帰を図るためには、家族と外部の第三者、両方の適切な関与が必要なのです。

第二章　ひきこもりをめぐる10の誤解（現状認識編）

世間との接点がないから世間に誤解されやすい

日本社会にひきこもり状態にある人が多くいることは、誰でも知っています。しかし、ひきこもっている人に会ったことのある人はあまりいないでしょう。社会参加をせず、家族以外の人との関係も持っていないのがひきこもりですから、それが当然です。したがって、医師として当事者や家族と関わっている私のような人間や、さまざまな支援活動に携わっている人々でなければ、ひきこもりの実態を理解することはなかなかできません。マスメディアの関係者も、それは同じです。

ふだん目に見えない存在であるため、ひきこもりはさまざまな誤解や偏見にさらされています。世間との接点を持てないがゆえに、世間にわかってもらえない。しかし世間の正しい理解が進まなければ、正しい支援もできません。そこでここからは、「ＦＡＱ」のような形で、ひきこもりに対する世間の誤解を一つ一つ解いていこうと思います。

Q1　ひきこもりの人は犯罪を起こす可能性が高い？

むしろひきこもりは犯罪率が極端に低い集団

これまでにも少し触れた問題ですが、ひきこもりを「犯罪者予備軍」と見なすのは完全に間違いです。まずはそれを断言しておきましょう。

そもそも典型的なひきこもりは、社会との接点がないのが特徴です。そして他者を巻き込む犯罪は、ネガティブな形ではありますが社会へのコミットメントにほかなりません。犯罪が「反社会的行為」であるのに対して、ひきこもりは「非社会的行為」ですから、いわばベクトルが正反対。したがって、ひきこもりの人は本来、ふつうよりも犯罪を起こしにくい人たちなのです。

ところが、二〇〇〇年に起きた新潟少女監禁事件と西鉄バスジャック事件によって、ひきこもりが犯罪を起こしやすいかのような誤解が生まれました。そこで突如ひきこもり問題への関心が高まったので、多くの人は直感的に「ひきこもり＝犯罪者予備軍」という図式で見てしまったのです。そのため当時はマスメディアでも、起きた犯罪そのものへの怒り以上に、ひきこもり自体を激しくバッシングする声が聞かれました。

しかし、すでに本書でひきこもりの定義を知った方は、新潟の事件を「ひきこもりによる犯行」と見ることに違和感を抱くのではないでしょうか。家族以外の人間と接点や関係を持てないのが、ひきこもっている人の特徴です。ところが新潟の犯人は、当時九歳だった少女という他者を誘拐して自分の部屋に連れ込み、九年以上もの長きにわたって監禁していました。非常にいびつな形ですが、彼は他者との関係を望んでいた。こんな許しがたい行為を「社会参加」と呼ぶことには違和感を抱かれると思いますが、それを通じて彼が社会とコミットしたことは間違いありません。典型的なひきこもりであれば、あのような犯罪を実行することは著しく困難でしょう。

また、西鉄バスジャック事件の場合、犯行の引き金は「強制入院」でした。不本意な入院を強いられたことを恨んだ少年が、外泊中に暴発したのです。しかも、親が本人の了承を得ずに医療保護入院を決めた直接の理由は、ひきこもりではなく家庭内暴力でした。不登校でもあったので、ひきこもり的な部分が皆無だったとは言えませんが、決して典型的なひきこもりではありません。

また、この二つの事件が多少なりとも「ひきこもり的」な側面を持つ人間によるものだったとしても、その後そういう凶悪事件は二〇一九年まで発生しませんでした。その一九年のあいだに、ひきこもりとはまったく関係のない犯罪者が無数の凶悪事件を起こしてきたことを考えれば、むしろひきこもりの人たちというのは犯罪率が極端に低い集団だと言えるでしょう。たとえば「会社員」「公務員」「教員」といった属性を持つ人たちのほうが、よほど犯罪率は高いでしょう。だからといって、会社員や公務員を「犯罪者予備軍」と見なす人はいません。誰でも、そんな解釈はバカバカしいと思うでしょう。ひきこもりを犯罪者予備軍と考えるのは、それ以上にバカバカしいことです。

　でも、そんなバカバカしい先入観はなかなかなくなりません。おそらく実情をよく知らない人々にとって、ひきこもっている人が得体の知れないモンスターのような存在に思えてしまうのかもしれません。物事の考え方や行動パターンなどが自分とはまったく違う、常識の通用しない異様な人格の持ち主――といったイメージが独り歩きしている印象があります。

　ここで一つ付け加えるなら、ある集団が、ほかの集団よりも統計的に犯罪率が高いという事実があったとしても、その集団を「犯罪者予備軍」と呼ぶことは差別でありヘイトスピーチにあたります。実際にはひきこもり状態にある人の犯罪率はきわめて低いわけですが、仮に高かったとしても、差別やヘイトが向けられるべきでないのは言うまでもありません。
練馬で元農林水産省事務次官がひきこもりの長男を殺したとき、「よくやった」などと加害者を賞賛する声がネットで聞かれたのも、そんなイメージがあるからでしょう。恐ろしいモンスターが野に放たれて通り魔などになる前に食い止めた父親は立派だ、というわけです。こんな見方が出てくることには、戦慄を覚えざるを得ません。「ひきこもりは犯罪者予備軍だから誰かを殺す前に殺してしまえ」というのですから、これは殺人の教唆です。

繰り返しますが、そもそもひきこもりはそんな危険な存在ではありません。もし、このような誤解を政府までが共有してしまったら、ひきこもり問題を解決するために強制収容所をつくるような発想にもなってしまうでしょう。ひきこもり対策がそんな愚かしい方向に進まないようにするためにも、正しいひきこもり理解が必要なのです。

ひきこもりの人とは「困難な状況にあるまともな人」

では、典型的なひきこもりはどんな人たちなのか。その雰囲気は、「モンスター」とはまったくかけ離れています。長くつきあってきた私から見れば、ひきこもり状態にある人とは「困難な状況にあるまともな人」にすぎません。

どんな人でも、職場や家庭の人間関係でつまずいたり、仕事で大きな失敗をしたり、学業成績が上がらずに苦しんだりなど、「困難な状況」に陥って気持ちが落ち込むことはあります。そのせいで人に会いたくなくなり、しばらく家に閉じこもることもあるでしょう。それは決して非常識な行動ではありません。誰にでもあり得る「まとも」な反応です。もともとひきこもりとは、ストレスに対するまともな防衛機制でもあるのですから。

川崎の通り魔事件のあと、ひきこもり経験のある人から「当時は人を殺したい衝動がありました。このままだと親を殺したりしちゃいそうだと怖くなって、働き始めたんです」という話を聞きました。これだけ聞くと、「やはりモンスターではないか」と思う人もいるでしょう。

でも、殺意を持つことと実際に人を殺すことは同じではありません。会社勤めなどをしていれば、パワハラ上司や理不尽な要求をする取引先などに対して、「殺してやりたい」「死ねばいいのに」といった程度の殺意を抱くことは誰にでもあります。自分の置かれた苦しい状況を何とかして変えたいと思うあまりに、そんなことを考える。これも、「困難な状況にあるまともな人」にとってはごくふつうのことです。人を殺したいと思うだけなら、モンスターでも何でもありません。ただ、ひきこもりは、その「困難な状況」の程度が大きく、そのため長期化してしまいがちなのです。

当事者がひきこもり状態を抜け出すためにも、周囲が「まともな人」として扱うのが有効です。たとえば最近、毎日親から責められて辛い思いをしていた女性が、ひきこもり状態から抜け出した経験をネット上で書いていました。それによると、近所に住んでいる友達が毎日彼女の散歩につきあってくれたそうです。彼女にとっては、その友達が自分のことを「いろいろうまくいっていないけど、基本的にはまともな人」として見てくれたのが大きな救いになったとのこと。支援者のスタンスとしてはこれが理想的ではないでしょうか。

当事者の異常性にばかり注目して「心に闇を抱える病んだ人間」のように扱っても、何も得られません。たしかに、家から出ないこと自体がふつうではありませんし、身なりや表情などの点で、一見「まとも」ではない人もいます。でも、周囲の人間がそういうところを気にして「もっと身ぎれいにしなさい」などと正そうとしても、何の役にも立たないことを私は身をもって経験してきました。むしろ本人の健康さや強みに注目して、そこに働きかけ、そこと同盟を結ぶことを考えるべきなのです。

また、モンスターのように思われている人間が凶悪な犯罪を起こすと、犯人の育った家庭環境が注目されることがよくあります。そのため、ひきこもりも「ふつうとは違う特殊な家庭環境が背景にあるのだろう」という見方をする人が少なくありません。

しかし、これも間違っています。過去に実施した調査研究でも、私自身の臨床経験からも、たとえば虐待のような特殊な事情を抱える家庭はごくわずかです。おそらく、その割合はひきこもりのない一般家庭と変わらないでしょう。ごくふつうの家庭でも起こり得るのが、ひきこもりという現象です。またそうでなければ、（私の推計で）二〇〇万人以上という膨大な数になるはずもありません。どんな家庭で育った、どんな人にでも、何歳からでも起こり得る問題、それがひきこもりです。

家庭環境と言えば、川崎の通り魔事件を見て、二〇〇八年の秋葉原通り魔事件を連想した人も多いかもしれません。両者に共通するのは、家族からも「孤立」していたことです。秋葉原事件の犯人は、教育熱心な母親に虐待を受けるなど、家族とのつながりが希薄でした。もし彼に家族との絆があれば、あそこまで追い詰められることはなかったかもしれません。川崎の事件もそうです。あの犯人は、伯父伯母と同居しつつも、自室で孤立していました。そのため、いったん生じた殺意に歯止めが利かず、暴発してしまったと見ることもできるでしょう。

しかし大多数のひきこもりは、内面に「孤立感」を抱いてはいても、実際には孤立はしていません。家族とのあいだにさまざまな葛藤はありながらも、親は自分の子を心から心配する愛情を持っていますし、子も親に対する申し訳なさを感じています。その絆があるという面でも、本来ひきこもりは犯罪に走りにくい存在だと言えるのです。

本人は苦しみながらひきこもっている

ひきこもり当事者はしばしば「怠けている」「甘えている」と誤解されています。しかし、もしひきこもりが単なる怠けなら、彼らはみなひきこもり生活に満足しているはずです。ところが彼らは満足するどころか、ずっと苦しみ続けています。近所の人からの視線におびえ、親を恨み、自分を責め続ける日々。そんなに辛いのなら早く抜け出せばよい、と言うのは簡単ですが、それが困難であるからこそ、その数はこれほど増えてしまったのです。

なぜ彼らは苦しむのでしょうか。ちょっと考えてみてほしいのですが、ひきこもるとは孤立することです。あなたは自分が何年間も孤立状況に置かれることに耐えられるでしょうか。さして社交的ではない私ですら、そんな状況に長くは耐えられそうにありません。たとえば心理学者のジョン・T・カシオポらは、孤独がいかに人の心身に有害なものであるかを詳しく検証しています（ジョン・T・カシオポ、ウィリアム・パトリック『孤独の科学』河出書房新社）。強い孤独感の中にいる人は、幸福度が低く、集中力や判断力が損なわれやすく、社会的な成功からも遠ざかりやすい。生活習慣病やうつ状態のリスクも高まるとされているのです。

現在、ひきこもっている人たちの平均年齢は三〇代半ばです。少なくとも二〇代以降のひきこもりのほとんどは、それを口に出すかどうかはともかくとして、就労をはじめとする、なんらかの社会参加を望んでいます。しかし、対人関係への自信のなさや、長期のブランクなどのせいで、なかなか行動に結びつきにくい。そんな彼らの状況は、傍目にはひどく自己中心的にも見えるでしょう。彼らの診断候補として、しばしば「自己愛性パーソナリティ障害」が挙げられるのも、ゆえなきことではありません（もちろんそれは「誤診」なのですが）。

しかし、彼らは本当に「自己中」なのでしょうか？　私にはどうしても、そうは思えません。ひきこもり当事者のほぼ全員が「自分が嫌い」と訴えることを知っているからです。

なぜ、彼らは自分自身を嫌うのでしょうか。自らの人生に、価値や意味を見出せないからです。自分が生きる意味をなかなか感じられない彼らは、しばしば「生きていても仕方ない」「死にたい」「親が死んだら自分も死ぬ」などと口にします。しかし幸いなことに、彼らが自殺既遂に至る可能性は高くはありません。これはおそらく、彼らの自己愛が健康だからではないか。ただ、彼らの自己愛は「プライドは高いが自信がない」といういびつさを持っています。このとき彼らのプライドは、理想とはかけ離れてしまった自分自身を批判することによって、かろうじて担保されます。このような、自己批判の形を取った自己愛を、私は「自傷的自己愛」と呼んでいます。

おそらくこの自傷的自己愛が、ひきこもりの人の苦しみの中心にあります。この感情は、外界に投影されれば被害妄想的になるし、長期化すればうつ状態をもたらすおそれがあります。そればかりではありません。万事において悲観的な考えをもたらし、あらゆる行動への意欲を奪いつくします。また、親に対しては恨みと怒り、またそうした思いを持ってしまう自分への自責、という両極端な感情を抱かせます。

こうした状況が長期化すると、意欲はおろか、欲望そのものの水位が下がってしまいます。ひきこもり当事者には、終日無為に過ごす者が少なくありません。理由の一つは、彼らが「楽しむこと」への罪悪感を抱いているからで、さらに言えば、長期にわたり「やりたいことがわからない」という状況にとどまっているためでもあります。

ならば、彼らの苦しみとはどのように向き合うべきでしょうか。支援や治療については別の機会にゆずるとして、少なくとも周囲の人には、彼らを病気や障害のある人という色眼鏡で見ないようにしてほしいのです。最も望ましいのは、後述するとおり、彼らを「たまたま困難な状況にあるまともな人」として見ることだと思います。そうした姿勢で向き合い続けることで、彼らの傷ついた自己愛のねじれが、少しずつ解きほぐされていくことが可能になるでしょう。

Q2　ひきこもりは心の病気？

ひきこもりが原因の二次的な精神症状はある

先述したとおり、「ひきこもり」は社会参加をしない「状態」を指す言葉であって、「病名」や「診断名」ではありません。つまり、医学的な「臨床単位」ではありません。一般的な「ひきこもる」という言葉が単なる状態を意味しているのと同様、それ自体は病気でも不道徳なことでもない、ニュートラルな状態です。

私がひきこもり問題に関わった当初からそう考えた背景には、「不登校」問題の経験がありました。一九六〇年代、学校に行かない（行けない）子どもの問題が浮上したとき、最初に与えられた名前は「学校恐怖症」という「病名」でした。それがやがて「登校拒否症」になり、次に病気を意味する「症」が取れて「登校拒否」になり、最終的には本人の意思を示す「拒否」も使わず、単なる状態を意味する「不登校」となりました。

呼び名を病名にしてしまうと、改善するための対策は「治療」しかありません。家庭や学校などの環境のほうは問題がないことになってしまいます。また、本人が「拒否」しているのだと見なすと、「行きたいのに行けない」という子もいることが見えにくくなるでしょう。原因や解決のためのアプローチ方法は多様なので、まずは「不登校」というニュートラルな「状態」として認識することが大事なのです。ひきこもりも同じなので、いきなり「病気」や本人の「怠け」「甘え」などと認識するのはやめるべきだと考えました。

基本的にはニュートラルな「状態」なので、それによって誰も苦しんだり困ったりしていないのであれば、放置しても問題はありません。休養のために「ひきこもり」が必要なことも人間にはありますし、何カ月もひきこもった結果、ノーベル賞級の偉大な発明や発見をする人もいます。本人がその状態に満足していて、一人で充実した活動をしていたり、順調になんらかの成果を出していたりする場合は、まったく問題ありません。

とはいえ、そんなひきこもり事例はきわめてまれです。六カ月以上も続くひきこもりの大半は、本人が「やめたいのにやめられない」という苦しみを抱えていたり、家族にとって経済的にも精神的にも大きな負担になったりするので、放置して済む話でもありません。あまり多くはありませんが、家庭内暴力を伴うケースもありますし、本人が自殺を図ることもないわけではないので、解決のための治療的介入が求められる場合があります。

また、ひきこもり自体は病気ではありませんが、二次的に精神症状が出ることはあります。ひきこもり状態が長期化すると、周囲からの批判や自責の念によって本人に大きなストレスがかかるためです。

たとえば、ほぼすべてのケースで起こるといってもよいぐらい多く見られる症状として、対人恐怖があります。これは単に「他人が怖い」というものではなく、「自分が他者に良くない印象を与えるのではないか」という葛藤によって強い不安が生じる症状です。その延長線上にある症状として、自分の体臭が人から避けられるのではないかと恐れる「自己臭恐怖」、自分の顔や身体が醜いので人から避けられると思い込む「醜形恐怖」、あるいは他者に悪く思われているに違いないという確信を持つ「被害妄想」もよくあります。

また、強迫行為もひきこもりに伴いやすい症状の一つです。たとえばドアの鍵を締めたかどうか気になって何度も確認してしまうとか、少しでも汚いものに触れたと感じると何度も手洗いを繰り返さないと気が済まないといった症状がこれにあたります。

対人恐怖や強迫症状のほかにも、抑うつ症状、不眠、自殺念慮、摂食障害、心身症状、心気症状など、ひきこもりの二次的な精神症状にはさまざまなものがあります。これらの症状を解決するには、専門の医師やカウンセラーによる治療が役に立つでしょう。

統合失調症や発達障害と見分けられず誤診されることも

一方、ひきこもりという「状態」そのものがほかの精神症状と似ているために、医師によって「病気」と診断されやすいことも知っておいたほうがいいでしょう。誤診を避けるためには、鑑別診断（類似する診断を絞り込むこと）を慎重にやらなければなりません。心配した家族が本人を精神科に連れて行ったとき、ひきこもりを見たことのない医師は、その「患者」が自分のよく知っている精神疾患だと診断してしまう可能性があるのです。

たとえば、統合失調症。幻聴や妄想に悩まされることの多い病気なので、ひきこもりとは関係なさそうに思えるかもしれません。しかし統合失調症には、幻聴や妄想がほとんどなく、ただ無気力になって部屋から出なくなるというタイプのものもあります。これはひきこもりとよく似ているので、鑑別診断は簡単ではありません。見分けるには、経過の違いなどに着目する必要があります。統合失調症は進行性疾患とされており、長く放っておくと悪化・慢性化しやすいのに対して、ひきこもりは長引いても重症化するとはかぎりません。一〇年ひきこもっていた人でも、本人がその気になればすぐ就労できてしまうケースもあります。

もう一つ、ひきこもりが誤診されやすいのが発達障害です。発達障害の診断基準にはやや曖昧なところがあり、「コミュニケーション障害」「社会性の障害」「想像力の障害」という三つがそろえば発達障害と診断されてしまうので、ひきこもりの中にはそれに当てはまるように見えてしまう人が少なくありません。しかし、発達障害とひきこもりでは、やはり経過が異なります。発達障害は先天性の脳機能障害とされていますから、その特性が幼児期から一貫して見られるのがふつうです。ですから、ひきこもる直前まで見られなかった特性が、ひきこもってから現れた場合は、発達障害ではないと考えるのが妥当でしょう。

厚生労働省の研究班が作成した「ひきこもりの評価・支援に関するガイドライン」（二〇一〇年）には、ひきこもりの約三割は発達障害、という調査結果が記されています。しかし、私の外来に通う患者への調査では、せいぜい一割弱、という結果でした。これは私自身が安易な発達障害診断を警戒しているため、かなり診断基準を厳しく設定しているせいもあるでしょう。しかし、それにしても、約三割は多すぎるように思います。

最近の日本は、ちょっとした「発達障害バブル」のような状況が続いています。少し「ふつう」とは違うところがある人に対して、安易に発達障害というラベルを貼ってしまう傾向があるのです。

たとえば「アスペルガー」という言葉が日本ではまだ流行《はや》っていますが、これは精神障害の分類や標準的な診断基準として世界的な権威を持つＤＳＭ（精神障害の診断・統計マニュアル／アメリカ精神医学会）からはすでに消えました。理由は、アスペルガーと呼べる症例は、きわめて少数であるためとされています。

これは器質性疾患ですから、国によって数がそんなに大きく違うはずはありません。それが日本で突出して多いように感じられるのだとすれば、文化的背景の違いによるものでしょう。たとえば、空気を読めず周囲とのコミュニケーションの輪に入れない人がいると、それだけで障害があると見なしてしまう。日本にはそういう偏った文化的背景があるために、「アスペルガー」という言葉が流行るのです。

発達障害バブルによる弊害をもっとも大きく受けているのは、学校現場でしょう。たとえば、就学前に特別支援学級に入れるかどうかの判断を急ぐあまり、微妙な子をみんな発達障害と診断してしまう傾向があります。学校になじめない子をすべて発達障害にしてしまっている印象さえあり、その結果、パンク状態になる特別支援学級も少なくありません。ひきこもりに対しても、このような過剰診断や誤診が増えるおそれはあります。

また、児童青年期の問題に取り組む専門医の関心が発達障害にばかり向いてしまい、不登校の問題がなおざりにされてしまうのも、この「バブル」による弊害の一つです。精神医療の領域で不登校についてのきめ細かい議論があまりなされなくなり、論文もほとんど書かれなくなりました。不登校も発達障害が原因だから「療育や投薬で対処すればよい」という粗雑な議論がまかり通っています。本来はニュートラルな「状態」である不登校やひきこもりが、発達障害という概念を通じて再医療化されそうな風潮には、強い疑問と懸念を禁じ得ません。

Q3　ひきこもりはネットやゲームばかりしている？

「自分に娯楽を楽しむ資格はない」という自責

ひきこもりはネットやゲームばかりしているという根強い先入観は、練馬の事件で父親に殺された長男がネットゲームをやっていたことで、さらに強化されてしまったかもしれません。たしかにネットやゲームに耽溺《たんでき》するケースもありますが、日本では少数派です。

じつは韓国のひきこもりはネットゲーム依存が多いのですが、これは日本と違って、プレイステーションやＤＳ、Ｗｉｉのようなコンシューマータイプのゲーム機があまり普及していないためでもあります。その代わり韓国では、いちはやくネットゲームが発展しました。もはや古典とも言うべき「リネージュ」「ラグナロクオンライン」といったゲームはいまでも人気があり、世界中にプレイヤーがいます。韓国のネットゲームは、街中にある「ＰＣ房」とともに発展してきたと言われていますが、もちろん自宅のパソコンでもプレイできます。その結果、韓国では、ひきこもり＝ネットゲーム依存のような状況が生まれたとされています。

しかしネットゲームは他人とつながらないとできないので、社交が苦手な日本のひきこもりの人はあまりやりません。韓国に多いいわゆる「ネトゲ廃人」は、日本のひきこもりの中ではごくまれな存在です。ネットの利用でいちばん多いのは、ゲームよりもユーチューブのような動画サイトや掲示板です。

ただし、一日中それを見ているようなヘビーユーザーは全体の一割もいないでしょう。たまに見るだけの人も含めても、半分に満たないと思います。ひきこもっている人の多くは、むしろ「自分には娯楽を楽しむ資格はない」という思いを抱いているようです。

では、部屋に閉じこもって何をしているのか。意外なほど多くの人が、ネットやゲームに向かうことさえできず、何もせずにベッドやソファの上でボーッとして過ごしています。そう聞くと怠惰な印象を受けるかもしれませんが、これは決して楽なことではありません。

傍から見れば何も考えずに放心しているだけのように思えますが、彼らはひきこもっている自分自身を責める気持ちがあるので、頭の中ではいろいろなことを考えながら自分を追い詰めています。「自分はなぜ外に出られないのか」「親との関係をどうすればいいのか」「どうすれば働けるようになるのか」といった葛藤が頭の中をぐるぐると駆け回っているので、退屈はあまり感じないとも聞きました。何もしていないのに退屈しないのですから、これは苦しいでしょう。むしろ、退屈できる人のほうが「何かしたい」という意欲がある分、救いがあるかもしれません。

日本人のいない海外なら行ける人もいる

ひきこもりとはいっても、自宅から一歩も外に出ないほどの人は少数派です。外出先としていちばん多いのはコンビニですが、図書館によく足を運ぶ人もかなりいます。ただし電車やバスなどは苦手な人が多いので、移動は徒歩か自転車、あるいは家族が運転する車という場合もあります。

もちろん、気軽に外出できるわけではありません。外出習慣は体力維持という点からも、状態の改善にも有効なので、私も行動記録をつけてもらうなどして「一日五分でいいから外出してみましょう」などと促していますが、それすらもしたくないという人がたくさんいます。

しかし不思議なことに、自宅の近所には外出できないのに、家族と一緒に海外旅行に出かけるのは平気な人もいます。なぜかというと、彼らは「自宅の外」の世界そのものが怖いわけではなく、外にある「世間」が怖いからです。たとえば近隣住民の視線は怖いけれど、日本人のいない海外にはそういう「世間」がないので怖くない。だから、同じ海外旅行でも日本人と一緒のパックツアーを嫌う人は多いのです。そこで初めて出会ったとしても、日本人のグループにはすぐ「世間」のような雰囲気が生じてしまうからです。

東日本大震災のときには、ひきこもりの人たちが避難所で活躍したという報告がいくつもありました。家が潰れて外に出ざるを得なくなったら困るだろうと思いきや、給水所の列に自ら積極的に並ぶなど、一生懸命に働くのです。おそらく、それまで自分の周囲を取り巻いていた「世間」がいったん壊れたからでしょう。

しかし、それも長続きはしません。最初のうちはがんばるものの、しばらくすると避難所の中に新たなコミュニティができあがります。その「世間」に、彼らは耐えられません。とはいえ自宅に戻ってひきこもることはできないのですが、それでも避難所のパーティションから出てこなくなり、「世間」との接触を避けようとするのです。上からは丸見えなので、私も「それでひきこもったことになるのか？」と不思議に思いました。しかし彼らにとっては、空間が密閉されていることはさほど重要ではないのでしょう。形式的にでも世間と自分を隔てる仕切りがあれば、ひきこもれる居場所を得たことになるようです。

また、ひきこもっている人は「世間」を嫌いますが、「社会」が嫌いなわけではありません。社会問題にはかなり高い関心を持っているので、彼らと会話をしていると、ネットで得た知識をもとに政治について論評したりもします。選挙になれば、投票所に足を運ぶ人もめずらしくありません。意外に思う人が多いでしょうが、そのあたりも、ひきこもりに対する誤解の一つです。社会に背を向けて隠遁生活をしたいわけでは決してないのです。

Q4　ひきこもりはほとんどが男性？

「家事手伝い」「専業主婦」という隠れ蓑

かつては私もひきこもりは男性のほうが圧倒的になりやすく、男女比は七：三ぐらいだろうと推定していました。いまでも、多くのひきこもり調査では、そういう結果が報告されがちです。しかし近年、女性のひきこもりの存在が注目され、これまで想定されていた以上にその数は多いのではないかと言われ始めています。たしかに、女性のほうが男性よりも表面化しにくいことを考えると、女性の割合はもっと多いと考えるべきでしょう。たとえばニート（NEET＝Not in Education, Employment or Training の略。一五〜三四歳までの、家事・通学・就業をせず、職業訓練も受けていない者）の統計を見ると男女はほぼ半々ですから、ひきこもりも実際は半々に近いだろうと見ています。

女性のひきこもりが統計や実例などの形で表面化しにくいのは、「通学や就業をせずに自宅にいること」がさほど特別なケースではないからでしょう。女性の社会進出が声高に求められる時代になっても、日本社会にはいまだに女性の社会参加を強く望まない価値観が根強くあります。

そのため、たとえば学校を出てから働かずに家にいても、女性は男性ほど不思議がられません。「家事手伝い」という状態が、とくにめずらしくはないものとして世間に受け入れられています。親も、そういう娘にあまり危機感は抱かないでしょう。実際にはひきこもりの状態で、親もやや不安を感じていたとしても、自治体のアンケート調査などには「家事手伝い」と回答する家族が多いと思います。

それと同様、「専業主婦」という立場も、ひきこもりという実態を見えにくくしているかもしれません。男性の「専業主夫」はまだめずらしい存在なので、ひきこもりの隠れ蓑にはなりませんが、女性は「専業主婦」の体裁を取りながらひきこもることができます。

だから女性のひきこもりは表面化しにくいのですが、最近は少しずつ目に見える存在になってきました。よく知られているのは、林恭子さんらが主催する「ひきこもりUX女子会」です。全国各地の自治体と連携して当事者の集まる会合を行っており、二〇一六年からの約三年間で計八〇回、のべ三三〇〇人以上が参加しました。

こうした女子会の試みは、これまでにもなかったわけではありません。二〇〇〇年代初頭にもいくつかありましたが、みんないつの間にか消えてしまいました。私の知るかぎり、その理由の一つはグルーピングです。女子会の内部に「仲良し集団」ができてお互いに排他的な関係になり、ばらばらになってしまうのです。

しかしＵＸ女子会は規模が大きく、一度の会合に五〇人以上集まることもあるので、グルーピングが問題になりません。この発想は完全に「コロンブスの卵」でした。長続きするという意味でも、それだけ多くのひきこもり女性がいることを明らかにしたという意味でも、これは画期的なことでした。

では、女性と男性では何か違いがあるでしょうか。

私が感じていることの一つは、女性のほうがひきこもり状態から抜け出しやすい面があるということです。たとえば、異性との出会いによって抜け出す人は、男性より女性のほうが多い。そこにも男女の社会的な立場の差が関係しています。身も蓋もない言い方をしてしまえば、いまの社会では働いていない男性はなかなか女性にモテません。しかし女性のほうは、仕事や収入がなくても接近してくる男性はいるわけです。支援者の男性と結婚した女性の話も時折耳にしますが、これと逆の事態、支援者女性と結婚した男性の話は聞いたことがありません。

とはいえ、一概に女性のほうがひきこもり状態を解消しやすいとも言えません。「家事手伝い」や「専業主婦」といった隠れ蓑によって問題そのものが見逃されてしまうことが男性よりも多いからです。この違いは、偏見にさらされにくいという意味では、ひきこもりから抜け出すことを容易にしている面もあるでしょう。反面、周囲からは社会的に不適応な状態だと見なされない（つまり「女性としてふつうに暮らしている」と見なされる）ので、支援の手が差し伸べられることもありません。しかし本人は「このままではいけない」と自責の念にかられて苦しんでいるかもしれないのです。

Q5　ひきこもりは日本特有の現象？

若者がひきこもる国とホームレスになる国

かつてアメリカ精神医学会では、ひきこもりのことを「Social Withdrawal」（ソーシャル・ウィズドローアル＝社会的ひきこもり）と呼んでいました。しかし現在は日本語の「Hikikomori」がそのまま英語でも通用し、二〇一〇年にはオックスフォード英語辞典にも掲載されています。

それもあって、ひきこもりは日本独自の現象というイメージが強まったのですが、そんなことはありません。ほかの国でも、同様の問題は起きています。

日本以外でひきこもりがとくに多いのは、韓国とイタリア。韓国には約三〇万人のひきこもりがいると言われています。人口比で考えると、割合は日本とあまり変わりません。イタリアでも、EU加盟国で初めてひきこもりの家族会がつくられました。それぐらい深刻な問題になっているわけです。

では、日本、韓国、イタリアの共通点は何か。それは、成人した子が親と同居する率が高いことです。いずれの国も、三〇歳までの成人した若者の親との同居率は七〇％以上。

成人してからも家から出て独立せず、親に面倒をみてもらいながら暮らしてよいとする家族主義的文化があるのです。

当たり前のことですが、ひきこもりという現象は家族がいなければ起こりません。家族が原因だと言いたいわけではなく、面倒をみてくれる家族がいないとひきこもることはできないという意味です。

ですから、成人したら親は面倒をみず、自立して生きていくのが当たり前だと考える個人主義的な国では、ひきこもりは起こりにくい。たとえばイギリスやアメリカでは、ひきこもりがいないとは言いませんが、少なくとも、まだ社会問題にはなっていません。

そう聞くと、「やはり日本も家族主義をやめて個人主義の社会になるべきだ」と言いたくなる人がいると思います。しかしイギリスやアメリカのような個人主義の国でも、社会参加ができずに苦しむ人がいないわけではありません。ところが親元では生活させてもらえず、収入がないので部屋を借りて一人暮らしをすることもできない。そのため彼らは、ひきこもりになることはできず、ホームレスになってしまいます。

したがって、家族主義から個人主義に切り替えればいいという単純な話ではありません。イギリスやアメリカはひきこもりが少ない代わりに若いホームレスが多く、日本や韓国はホームレスが比較的少ない代わりにひきこもりが多い。社会参加ができない若者はどの国にもたくさんいます。大きな視点から見れば、これは「社会的排除」であり「社会的孤立」です。彼らの生活形態は、つまるところ、ひきこもりかホームレスの二択しかないのです。社会参加ができない人たちがいること自体が問題の根本ですから、どちらがよいということはありません。

日本の親が子との同居をやめて無理やり外に追い出せば、ひきこもりはなくなるでしょう。しかしその代わり、社会参加できない二〇〇万人以上もの人たちがホームレスになってしまうおそれがあります。「家から叩き出せ」と煽るのは簡単ですが、根本の問題は解決しません。やはり政策レベルでは、彼らの社会参加が容易になるよう支援しなければならないのです。

実際、これからは日本でも若いホームレスが増えるおそれがあるでしょう。成年年齢の引き下げや子ども・若者育成支援推進法の改正などによって、弱者化した若者を支える法律の方針が大きく変わろうとしているからです。若いホームレスが増えれば、いままでがんばってひきこもりの子の面倒をみていた家族も、「成人したらもう面倒をみなくていい」と考えるようになるかもしれません。その結果、ひきこもりがホームレスにシフトしていく可能性があるのです。もちろん、そう遠くない将来、親が亡くなってしまうであろう中高年ひきこもりのホームレス化も考えておかなければなりません。

ホームレスはひきこもりと違って誰の目にも見えやすい問題なので、支援対策を打ち出しやすい面はあるでしょう。しかしその一方で、治安の悪化をはじめとする社会の不安定化を招くおそれはホームレスのほうが大きいと思います。やはり、どちらがよいという問題ではありません。

ともあれ、ひきこもりという現象は日本特有の文化とはほとんど関係がありません。なかには「甘えの文化」や「恥の文化」など日本的な文化とひきこもりを結びつけて解釈しようとする人もいますが、その関係性は仮にあったとしても些末なものです。それがいちばんの要因だとしたら、韓国やイタリアに多い事実を説明できません。ひきこもりを生む最大の社会的要因は家族主義と考えるべきです。

したがって、ひきこもりが多いからといって、日本人だけが「おかしい」わけではありません。ホームレスも含めて、社会から排除された人々、孤立した人々をどう支援するかは、世界共通の問題なのです。イギリスがいちはやく「孤独問題担当国務大臣」を任命したように、日本もこの問題に思い切った政策を打ち出すべきではないでしょうか。

Q6　ひきこもりはやめなくていい？

「ひきこもりだった偉人」を持ち出しても意味がない

前にも述べましたが、一人で一定期間ひきこもることで充足した時間を過ごし、学術や芸術などの分野で大きな成果を挙げる人は歴史上何人もいます。でも、ここではそういう人の名前は挙げずにおきます。かつて、そういう特異な成功例に注目して、ひきこもりに積極的な価値を見出し、「ひきこもりを否定すべきではない」といった主張をする人たちがいました。二〇〇〇年代初頭には、高名な評論家や精神科医——実名はあえて伏せます——が、ひきこもり擁護論、あるいは肯定論を展開した時期があったのです。最近は、なぜかそうした議論はすっかり鳴りをひそめてしまいましたが。

彼らは、なにしろ影響力の大きな方々でしたから、そこに一定の説得力を感じた人もいたわけです。もちろん私のようなひきこもりの治療論を展開する立場の人間は問答無用で「引き出し屋」と批判されました。彼らの主張を簡単にまとめればこうなります。「ひきこもりはそれ自体が豊かな経験であり、もちろん病気ではないのだから、周囲がよけいな干渉をしなければ何とかなる」（そういう方針で何とかなるひきこもりが少数ながら存在すること自体は否定しません）。いまの視点で二〇年前の発言を批判するのはアンフェアですからあまり多くは言わずにおきますが、現在の高齢化したひきこもりとその家族に、彼らならどんな言葉をかけるのか、ちょっと聞いてみたい気もします。

　それと同じような議論は、かつて不登校についてもありました。不登校を問題視して学校に行けるよう支援すべきだと考える人たちと、不登校を人間にとって健全なことと見なして「行きたくないなら放っておけばよい」と考える人たちが対立したのです。ひきこもりをめぐる対立は、ちょうどそれを反復するような形で生じました。

　ひきこもりは病気ではなくニュートラルな「状態」ですから、一般的には、それ自体が「良い／悪い」の価値判断になじむものではありません。しかし、ひきこもりが良い結果に結びつくとしても、そういうケースは圧倒的に少数です。無数の事例の中から「ひきこもりだった偉人」だけを取り上げて全体を肯定的に語るのはおかしいでしょう。

　不登校の議論でも、「高校まで不登校だったが大検を受けて東大に合格した秀才」のような例外的なケースを持ち出して「だから不登校は素晴らしい」などという主張がありました。こうした主張は、ある段階では有効なこともあります。世間の主流が「不登校はけしからん！　無理やりにでも学校へ行かせろ！」といった乱暴な意見に傾いているときなら、「いや不登校も悪いことばかりではない」というカウンターも有効ですし、必要となるでしょう。

しかし不登校にしろひきこもりにしろ、もうそういう段階ではないと私は思います。ここまで数が増え、その大半が本人や家族を苦しめ、社会にとっても大きな負担となりつつある以上、単純な否定や肯定でどうにかなる問題ではありません。ひきこもりは放っておけば何も変わらず、ひたすら長期化するだけですから、このまま支援のインフラが拡大・整備されない状況が続けば、「ひきこもり一〇〇〇万人社会」の到来は時間の問題でしょう。

一方で、いわゆる「ブラック企業」に象徴される日本人の働きすぎや過労死などの問題もありますから、「ちょっとひきこもりになるぐらいでちょうどいい」と言いたくなる気持ちもわからなくはありません。でも、そこで「ひきこもり」という言葉を使う必要があるでしょうか。

たしかに辞書的には、しばらく仕事から離れて家に閉じこもることを「ひきこもり」と呼んでも日本語としては間違いではないでしょう。しかしそれは、社会参加をしたくてもできない「ひきこもり」とは違います。働きすぎのストレスや過労死のリスクを避ける行動は、単に「休養」と呼べばいい。そうしないと、支援を必要とするひきこもりと単なる骨休めや息抜きの区別がつきにくくなり、ひきこもりに対する世間の理解も進まないと思います。

第三章

ひきこもりをめぐる10の誤解

（対応編）

Q7 親が甘やかすからひきこもりになる?

原因として大きいのは学校・職場など家庭外の人間関係

前章では、ひきこもり現象に対する世間の現状認識によく見られる誤解を取り上げました。引き続きこの章では、ひきこもりへの対応によく見られる誤解について述べます。

まずは、ひきこもりの原因にまつわる誤解。世間がひきこもりを「ただの甘え」と見なしやすいこともあって、親は「自分が甘やかして育てたのがいけなかったのかもしれない」と思ってしまうことがあります。すると「いつまでも甘やかしてはいけない」と考え、「もうおまえの面倒はみない」「早く仕事に就いて自立しろ」などと厳しい言葉ばかりかけるようになるでしょう。家庭内での望ましい対話のあり方については後述しますが、これはほとんどの場合、むしろ逆効果です。

そもそも、ひきこもりの原因やきっかけを、育て方を含めた家庭環境に求めても仕方ありません。もちろん、本人の「甘え」や「無気力」のせいにしてもしょうがない。これは、仮にそれらが原因であったとしても、それについては対策の立てようがない、という意味でもあります。

ひきこもりの原因やきっかけとして重要なのは、むしろ学校や職場など家庭外の人間関係です。

　ひきこもりの入り口である不登校について、文部科学省の学校基本調査では「無気力」をその原因の一つと報告しているのですが、そうやって子ども自身に原因を求めるのは見当違いも甚《はなは》だしいと言わざるを得ません。学校に行く気力を失ったのは「結果」にすぎないのであって、本当に問うべきは「無気力になった原因」です。

　では、何が不登校の本当の原因なのか。ＮＨＫが実施した不登校の当事者への電話インタビューでは、その二大要因が明らかになりました。「友人関係」と「教師との関係」です。前者が「いじめ」を含むことは言うまでもないでしょう。後者も、単に「関係がうまくいかない」という話ではありません。その多くは、教師によるパワハラやセクハラなどの「ハラスメント」です。

　子ども同士のいじめは広く問題意識が共有されていますが、教師による「指導という名のハラスメント」が学校で日常的に横行していることはあまり知られていません。体罰を含む暴力がときどきニュースになる程度です。体罰は世論が厳しく批判するようになったので昔よりも減ったかもしれませんが、言葉によるハラスメントはむしろ増えている印象もあります。なかには、自分のクラスの生徒たちに同調して、いじめに加担する教師もいる。教室では、信じられないほどひどい言葉が教師から子どもにぶつけられており、それが原因で不登校になるケースはかなり多いのです。もし、いじめとハラスメントをなくせば、不登校は確実に半減するのではないでしょうか。

ところが学校はいじめの実態をできるだけ隠そうとしますし、教師によるハラスメントの存在はそれ以上に認めようとしません。表向きは「どの先生も熱心に指導しています」ということになっているので、ハラスメント防止策がなされることもなく、不登校の原因は一向になくならないのです。

表面化していないがきわめて多い「いじめPTSD」

当然ながら、学校のいじめやハラスメントが原因でひきこもりになるケースも数多くあります。学校だけではありません。就労経験のあるひきこもりの場合は、職場でのいじめやハラスメントが原因になっている人が多いでしょう。

私はこの二〇年のひきこもり研究を通じて、日本には「いじめＰＴＳＤ」がきわめて多いことに気づきました。ＰＴＳＤ（心的外傷後ストレス障害）とは、強いショック体験や精神的ストレスがトラウマとなり、時間が経ってもトラウマのフラッシュバックが起こったり同種の刺激を回避しようとしたりし、不安や緊張、うつ状態や不眠などに苦しむ障害です。原因となる体験は、戦場での過酷な体験、自然災害、犯罪被害などさまざま。専門家間にはいじめやハラスメントをそうしたトラウマに含めるかどうかの議論もありますが、それは些末な問題です。いじめを契機に、その後の人生において重大な支障をきたす人がこれほどたくさんいる。その事実だけで十分でしょう。ＰＴＳＤという専門用語を使うなというのであれば、「いじめ後遺症」でもかまいません。

いじめがトラウマになり、その後の健康や社会生活にも重大な影響を与えるということは、二〇一四年、精神科医の滝沢龍さんが中心となった研究で明らかになりました。この調査は、イギリスで七歳から一一歳までのあいだにいじめを体験した約八〇〇〇人に対し追跡調査を行ったもので、いじめ被害を受けなかった群にくらべて、うつ病、自殺などのリスクが二倍近くになっていました。また、社交関係の欠如や経済的な問題など、いじめを受けたあと、四〇年を経た時点での生活満足度・生活水準の低さにいじめ被害が関連していることも明らかになっています。

「いじめ後遺症」で多い症状は、対人恐怖です。ひきこもっている人よりも強いのが特徴で、とくに同世代の人に強い恐怖感を覚えます。いじめによってひきこもりになる人の場合、ひきこもりもいじめ後遺症の一つの症状と言えます。

いじめがどういったものかは関係なく、シカトなど、コミュニケーション操作系のいじめも被害者の心に重大なトラウマを残します。また、いじめがあったとき、親が助けてくれず、逆に「あなたにも非があった」などと被害者を責めた場合、それが恨みとなって家族への攻撃になることもあります。強い人間不信に陥ることは間違いありません。

いじめが起き、その直後に加害者にきちんとした罰が与えられ、謝罪がなされれば、被害者の多くは納得するし、いじめ後遺症になるのをある程度は防ぐことができます。ところが多くの場合、学校現場では謝罪も処罰もされないまま、うやむやにされている。だからこじれてしまうのです。加害者に謝らせたという対応はまだいいほうで、多くは被害者に我慢や泣き寝入りを強いています。教師が加害者と被害者双方に謝らせて握手をさせ、一件落着とするケースもあります。もはや失笑ものです。

いじめ後遺症を防ぐために私が求めたいのは、加害者への「配慮ある処罰」です。「配慮ある」としているのは、加害者自身が家庭での虐待など、被害者になっている可能性があるからです。処罰には、教室を変える、一定期間出席を停止するなどいろいろ考えられると思います。加害者と被害者を同等に扱っていては、和解したかのように見えても問題は絶対に解決しません。加害者にきちんとした罰を与えることで、被害者もある程度納得するからです。

　いじめ後遺症は徹底した人間不信が本人の中に残ります。一般的に、ＰＴＳＤの五〇％程度は自然に回復すると言われますが、それは良質な人間関係で過去のひどい人間関係を上書きできた場合の話です。新たな人間関係をつくれないひきこもりはそれができないので、いわば生傷がずっと開いたままの状態になります。そのため、過去の体験がつい昨日のことのように記憶に残り続けてしまう。強い苦しみが続くので自己愛が傷つき、死にたくなってしまう人もいます。

「自分は生きていても仕方ないから死にたい」と口にするひきこもりの人は多いのですが、さいわい実際に自殺に至るケースは多くはありません。私の診た範囲では、典型的なひきこもりの自殺事例はいまのところ皆無です。ひきこもりから自殺に至ったように見えた事例のほとんどが、いじめＰＴＳＤのケースでした。

　いじめやハラスメントの被害者はよくメディアやＳＮＳに告発をしますが、ひきこもりになると、そうした発信すらもしなくなります。そのため、いじめＰＴＳＤの存在はなかなか表面化しないのが実情です。

しかし実際には、多くの人がいじめやハラスメントによってひきこもりになっています。私はひきこもり当事者が過去のいじめ体験を詳しく語るのをしばしば聞いてきました。不登校からそのままひきこもりになった事例の多くが、いじめやハラスメントの経験を持っています。これらは制度の改善で予防できる問題です。不登校やひきこもりの増加を予防したいというのであれば、その入り口となりやすい学校のあり方を見直すところからスタートすることがもっとも近道と考えています。

Q8 ひきこもりは自力で治る？

抜け出すには家族以外の第三者の関与が欠かせない

外部からの支援なしに、自力でひきこもり状態から抜け出す人がまったくいないわけではありません。しかし、それはきわめて例外的なケースです。私はこの二〇年間で非常に多くの事例を見てきましたが、数年以上ひきこもった後に、自分の意思で抜け出して社会参加までこぎ着けたのはたった三人だけでした。そんな少数例をもって「ひきこもりは自力で解決できる」とは言えません。「本人だってこのままでは困るのだから、そのうち自分で何とかするだろう」と放っておくと、あっという間に五年、一〇年、一五年……と長期化してしまいます。

当事者本人には「このままではいけない」という自責の念があるので、「自力で何とかしよう」と思っている人も少なくはありません。しかし、そう思うことが逆に解決を遅らせる要因にもなります。「自分で何とかしたい」は「人の力を借りたくない」でもあるからです。

ひきこもり状態から抜け出すには、家族以外の第三者の関与が欠かせません。しかし外部の病院や支援団体などが関わると、本人は自分が病人扱いされるような気持ちになって反発します。この状態から立ち直りたいとは思っているけれど、病気ではないので治してほしいとは思っていない。実際、ひきこもりは病気ではないので「治す」という言葉にやや語弊があるのはたしかです。本人はそこに引っかかりを感じて、第三者の関与をなかなか受け入れようとしません。その結果、「いつか自分で何とかできるはずだ。でも、それはいまではない」という状態が延々と続くのです。

この心理は、依存症の人たちとよく似ています。たとえばアルコール依存症の人は、治療を受ける前は「好きで飲んでいるだけだから、その気になれば酒なんていつでも自分でやめられる」と思い込んでいます。自分が病気だとは思いたくないので、最初から素直に医師や自助グループなどの力を借りようとは考えないのです。

悪循環を生み出す「ひきこもりシステム」

では、どうしてひきこもり状態からの脱出には第三者の関与が必要なのか。それを理解してもらうために、私が二〇年前から提唱している「ひきこもりシステム」という考え方を紹介しましょう。多様なひきこもり状態をかなり思い切ってシンプルに表現した仮説ではありますが、解決のための基本的な考え方としては、現在でもかなり有効だと思っています。

まず、ひきこもりがいない場合の一般的な社会・家族・個人の関わり方を示した模式図を見てください（次ページの図1）。家族は社会との接点を持ち、個人は家族と社会の両方と接点を持っています。

一方、「ひきこもりシステム」のほうはどうか。ひきこもり当事者は、社会と家族の両方に所属はしていますが、どちらとも接点を持っていません。同居する家族は、それぞれ職場や地域社会など外の社会と接点を持ってはいます。しかし多くの家族は、家の中にひきこもりがいることに関しては、社会との接点を持っていません。世間体を気にして隠そうとしたり、第三者には相談せず自分たちで解決しようと考えたりして、問題自体を抱え込んでしまうのです。

この状態はたいへん安定性が高く、外からなんらかの介入がなされないかぎり、システム全体の安定はいっそうゆるぎないものになります。このため放置すれば次第に膠着《こうちゃく》状態に陥り、長期化しやすくなります。病気で言えば「自然治癒」にあたることがきわめて起こりにくいのも、こうしたシステムの働きがあるためと考えられます。

図1　ひきこもりシステム模式図

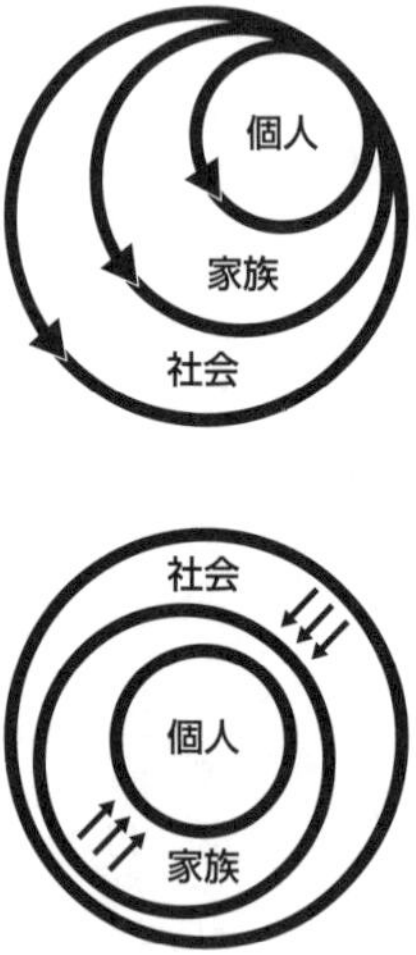

通常のシステム

3つのシステムは相互に接しており、互いに影響を及ぼしあって作動を続けている。「接点」とはコミュニケーションのことである。

ひきこもりシステム

3つのシステムは接点を失ってばらばらに乖離し、相互の働きかけはストレスに変換されて、いっそう乖離を促す。

図2　ひきこもりの悪循環模式図

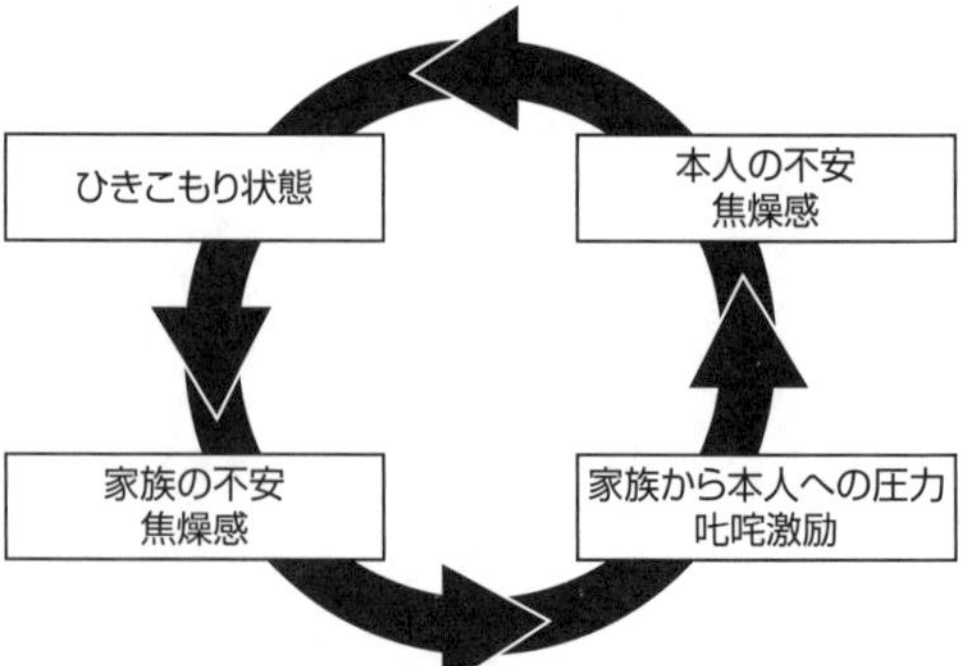

しかし、多くの家族は自分たちで解決できるだけの知識やスキルを持っていません。何とか社会復帰させようと本人に説教や叱咤激励をするのですが、これは本人にとってプレッシャーやストレスになるだけなので、さらにひきこもり状態が深まります。すると家族はますます不安にかられて、より強い言葉でプレッシャーをかけてしまう。ひきこもりに関して社会と接点を持たない家庭内では、そんな悪循環がいつまでも続いてしまうのです（図2）。

その悪循環を断つには、まず家族が第三者に支援を求めて社会との接点を持たなければいけません。そこで正しい対処法を身につけて本人と接点を持ち、さらに本人も第三者との接点を持つように……と、段階的に進める必要があります。

本人が「自力で何とかなる」という考えを捨て、第三者の力を借りて社会参加に向かおうと自発的に思ってくれれば、その時点でひきこもり問題はほぼ解決したといっても過言ではないでしょう。逆に言えば、そこにたどり着くまでが簡単ではないということ。それぐらい「自力で何とかできる」という本人の思い込みは強いのです。せめて近くにいる家族は、それがほぼあり得ないことを理解しておかなければいけないでしょう。

Q9 ひきこもりはスパルタで治る？

その誤解が「悪徳業者」をのさばらせる

ひきこもりは単なる「甘え」や「怠け」だと見られやすいので、スパルタ式に厳しく対処して「性根から叩き直してやれば解決するだろう」と考えてしまう人はたくさんいます。しかし先ほどお話ししたとおり、親が「ちゃんと働け」「早く自立しろ」と厳しく接しても、ほとんどのひきこもりには逆効果です。そう簡単な話ではありません。

ただし、例外があるのも事実です。まだ本格的にひきこもっていない、ごく初期の段階であれば、親の説教や叱咤によって社会復帰できるケースもないわけではありません。実際、「うちの親は絶対にひきこもらせてくれなかった」という人もいます。

ある世代までは「自分の小学生時代は不登校なんてなかった」とよく言いますが、それも昔は殴ってでも学校に行かせるのが当たり前だったからでしょう。あるいは家では子どもも容赦なく農作業などに駆り出されるので、登校するほうがずっと楽だったという事情もあったかもしれません。「だから、いまの親は子を甘やかしすぎだ」という話になるのですが、昔は不登校やひきこもりが少なかった代わりに、そのしわ寄せが別のところに行っていたのかもしれません。しつけと称する虐待はいまよりもはるかに多かったとも言われていますから、決して「昔が良かった」わけではないのです。

もちろん、スパルタ式に無理やり通学や就労をさせられたおかげで強くなれたという人もいるとは思います。でも、それはただの生存者バイアス、つまり「結果オーライ」にすぎません。逆に、そのストレスを溜め込むことで病気になったり、暴力的な行動に走ったりしてしまうこともあり得るでしょう。スパルタ式の厳しさがどういう結果を招くかは、予測できません。たとえひきこもりの初期段階であっても、「この人には厳しく説教して大丈夫だ」と判断することはできないのです。たまたま成功した例外的なケースを一般化して「誰にでも通用する」と考えてはいけません。失敗すればひきこもりを長期化させることになるのですから、基本的には本人の現状を受け入れることから始めるべきです。

また、例外にすぎないスパルタ式の成功談を一般化し、あたかもそれが常套《じょうとう》手段であるかのように思われてしまうと、たいへん危険な弊害をもたらしかねません。ひきこもりの自立支援と称して本人を自宅から無理やり拉致して寮に軟禁し、保護者に高額の料金を支払わせる悪徳業者の横行を後押しすることになってしまうからです。

テレビのワイドショーなどで、そういう業者の仕事ぶりを見たことのある人もいるでしょう。そこでは「悪徳業者」ではなく、まるで正義の味方かのように肯定的に描かれているケースがほとんどです。悪いのは「甘え」や「怠け」でひきこもっている当事者で、それを叩き直すためにはいくらか乱暴なやり方をするのもやむを得ない――テレビがそういう伝え方をするのは、ひきこもりのことを誤解している世間一般にはそれが「ウケる」からでしょう。それこそひきこもりを「犯罪者予備軍」だと思い込んでいる人は、それを見て「こうするのが世のため人のためだ」と考えるかもしれません。

　しかしその実態は、本当にひどいものです。ドアを蹴破って部屋に上がり込み、本人を強引に説得しながら車に乗せて寮に連れて行くのですから、警察が容疑者を逮捕するのと大差ありません。寮では財布やスマートフォンなどを取り上げて、外と連絡が取れないようにします。その段階で、親が支払う料金は四〇〇〇万～五〇〇〇万円。それ以降も、月々の寮費などを払うことになります。

　本人の同意なしにそんなことをすれば明らかな人権侵害だと思うのですが、驚くべきことに、警察はこれを犯罪と見なそうとはしません。寮から脱走して警察に駆け込んだことのある当事者によると、最初は警察も親身に話を聞いてくれたそうです。ところが親に連絡を取って、「うちの子はそこに預けています」と聞かされると、とたんに態度が変わって「寮に帰りなさい」と言い、業者を呼んで送り返したとのこと。未成年の話ではありません。そのひきこもり当事者は、三〇代の成人です。

それでも親の権威を認めて「子はそれにしたがうのが正しい」と考えるのが、日本の司法の現場では常識なのでしょう。尊属殺人を通常の殺人より重罪とする規定はずいぶん前に違憲とされましたが、その根底にある発想はまだなくなっていないようです。

拉致監禁の犯罪行為を賞賛したメディアの責任

私は以前、この業界では有名なI学校という全寮制施設から、一〇人のひきこもり当事者の「救出」を支援したことがあります。当事者からSOSの連絡を受けて、弁護士に協力してもらいました。救出した人たちを親元に帰せばまた寮に送り返されてしまうので、いったんはDV被害者などを保護するシェルター施設に生活の拠点を移しました。弁護士費用はとりあえず私が当事者に貸し付ける形で立て替えました。シェルターから出たあとは、それぞれ生活保護を受けたりしながらアパートで生活しています。

このような「スパルタ式」（と言えば聞こえはいいですが、要は拉致監禁です）の民間業者は、一九八〇年代前半に戸塚ヨットスクールが登場したあたりから力を持ってきました。死亡事故が起きて戸塚校長が逮捕され、一時的に鳴りをひそめていたのですが、二〇〇〇年代には「ひきこもりを二時間で治す」と豪語する長田百合子の支援活動がテレビなどのメディアを賑わせました。長田の手法は問題行動を繰り返す子どもの自宅をスタッフとともに訪問し、本人と親を罵倒し、ときに暴行をそそのかし、強引に自身が経営する「長田塾（長田寮）」に入寮させて労働に従事させ、「矯正」するというものでした。当時マスコミは長田を「奇跡のおばちゃん」などと持ち上げ、識者らがその手法を賞賛したこともあって、彼女は一時期、メディアの寵児となったのです。

しかし二〇〇六年、長田は元寮生から暴力的処遇とプライバシー侵害に関して提訴され、敗訴しています。二〇〇七年九月、名古屋高等裁判所は、長田らの行為の違法性をあらためて認定し、長田側に一〇〇万円の賠償を命じる判決を下しました。いわゆる「長田塾裁判」です。

ほぼ同時期の二〇〇六年四月には、長田の実妹である杉浦昌子の経営する「アイ・メンタルスクール」で、死亡事件が起こりました。ひきこもって家庭内暴力をふるっていたという二六歳の男性が、突然自宅を訪れた「支援者」らによって暴行を受け、「支援」施設であるマンションの一室に監禁されて外傷性ショックで死亡したのです。施設責任者である杉浦は、逮捕監禁致死容疑で逮捕され、懲役三年六カ月の実刑が確定しています。

　マスコミが彼女たちの活動を何度も好意的に取り上げたことは、確実にこれらの事件の遠因となったはずですが、とりわけ「主犯格」であるテレビメディアがこの点を反省した形跡はありません。

　I学校のような業者は、こうした一連の「支援」活動の劣化版でした。ある意味で戸塚ヨットスクール以下とも言えます。戸塚ヨットスクールの場合、訓練生にヨットの技術を教えていたという点で、その謳い文句に嘘はありません。その思想や指導方針には大いに問題がありましたが、たしかにヨットの訓練はやっていた。死亡事故は訓練中に起きたものでした。

　一方、I学校に「軟禁」されていた寮生の話では、入寮者には「就労訓練」と称してひたすら公文式のドリルをやらせていたそうです。それを一定期間やったあとは、提携している工場に送り込んで働かせる。要するに、ひきこもり支援のための専門スタッフもいなければ、特別な訓練なども何もやっていなかったのです。たまたま結果的にそれで働けるようになった人は「I学校のおかげです」と言うかもしれませんが、ほとんどの人には何の効果もないどころかストレスフルな経験でしかないので、一〇人もの人が脱出を考えざるを得なかったわけです。

当然、長く入寮していても社会参加に至らないひきこもりはたくさんいるのですが、その場合は「おたくのお子さんはやっぱりダメでした」と家に送り返されることも少なくありません。何百万円も受け取っているのに、無責任きわまりない話です。しかし親のほうは「自分たちの育て方が間違っていた」という罪悪感が強いせいか、それでもあまり文句は言わないそうです。

強制的に入寮させられた当事者は、深いトラウマを負うとともに、家族への不信感を抱きます。家族のほうも、数百万円という高額なお金を支払わされた上に、わが子との関係も決定的にこじれてしまいますから、入寮以前よりも状況は悪化してしまいます。「こんなはずじゃなかった」と思いつつも、世間体をはばかって業者に抗議もできない。泣き寝入りするほかはありません。

なかには、わが子を自立させたいというより、単に「厄介払い」をしたいだけの親もいるでしょう。業者によっては、ときどき経営者が摘発されて現場のスタッフがいなくなり、ひきこもりの当事者だけが施設に残っている状態になることがあります。それを知りながら、連絡を受けても迎えに来ない親がいる。お金を払って預けた時点で、もう関わるつもりがなかったのだとしか思えません。

そういった悲惨な事態を招くおそれもあるのですから、ひきこもりが「スパルタで治る」という考え方はきわめて危険です。犯罪的な悪徳業者を一掃するためにも、マスメディアも含めて根強くあるこの誤解は、粘り強く解いていく必要があります。

Q10 ひきこもりからの出口は就労？

就労＝ゴールと考えるべきではない

ひきこもりから「抜け出す」とは、どういうことでしょうか。その定義から考えれば、「社会参加ができる状態」になることが、本人にとっても支援者にとっても最終的なゴールだと言えるでしょう。

そして、「社会参加」のいちばんわかりやすい形は就学や就労です。不登校と違って、ひきこもりの場合は学齢を過ぎているケースが多いので、「就労」がゴールだと考える人が多いのは無理もありません。現実問題として、成人の社会参加と言えば就労以外の選択肢はほとんどないでしょう。

しかし、たとえ実質的にはそうであっても、ひきこもり支援のゴールを就労と考えるべきではありません。そもそもひきこもりは、家族からことあるごとに「働け働け」と言われ続けて、うんざりしているのです。それは第三者が支援に関わるようになってからも同じことで、周囲から就労を押しつけられて働く気になったひきこもりを、私は見たことがありません。「働けるようになりましょう」という方向づけは決して本人への励ましにはならず、むしろプレッシャーになってしまうことが多いのです。

そもそも、ひきこもっていない人にとっても就労は「やる気になればできる」というほど簡単なことではありません。本人が働く気になっても、うまくやっていける職場が見つからない可能性もあります。ブランクが長ければ長いほど、就職活動も難しいでしょう。いきなりハローワークや会社の面接に行ってうまくいくとは思えません。「社会参加＝就労」としてしまうと、それに失敗したときに再び孤立してしまうおそれがあります。

では、どんなゴールを設定すればいいのか。いささか漠然とした言い方になってしまいますが、私は「ひきこもっている本人が自分の現状を肯定的に受け止め、主体的に動けるようになること」だと考えています。もっと簡単に言うと、本人が自信を持つことさえできれば、そこがゴールだと言ってかまいません。

ひきこもりは「甘え」や「怠け」だと誤解されやすいので、「現状を肯定したらずっとひきこもってしまうのではないか」と思う人もいるでしょう。しかし何度も述べてきたように、本人はひきこもりの状態を決して楽しんでもいませんし、肯定もしていません。現状をネガティブに考え、自責の念もあるのに、どうしても社会参加ができないから苦しんでいるのです。

自分の現状を肯定的に受け止められるようになるには、信頼できる（家族以外の）仲間を何人か持つことが重要でしょう。前述したように、自分のことを「たまたま困難な状況にあるまともな人」として接してくれ、毎日散歩につきあってくれる友人ができるだけでも、ひきこもりは「出口」に近づきます。

ですから理想を言えば、仲間と一緒に社会参加のできる場が就労以外にもいろいろと用意されてほしいところです。しかしいまのところ、それがなかなか見つかりません。先ほども言ったとおり、現実的な選択肢としては就労するしかないのが悩みの種ではあります。

もっとも、最近は就労移行支援（障害者総合支援法を根拠とする障害のある人のための職業訓練制度）などを利用して就労できる人も増えてきました。ここまでひきこもりが高齢化し、就労以外に「出口」のない人たちが多いのですから、それを支援する仕組みはもっと充実させなければいけません。自分を肯定できるようになった人には、就労までにビジネスマナーや面接の受け方などのトレーニングを受けられる場が必要です。就労そのものがゴールではありませんが、それを可能にする体制はできるかぎり整えておくべきだと思います。

説得・アドバイスより「マイルドなお節介」

私は就労支援における最大のネックは「動機づけ」であると考えています。

支援において就労への動機づけはどこまでなされるべきか。あるいは動機づけなどは、単なるお節介であって、支援とは呼べないのではないか。まずこの点について考えてみましょう。

「働く」ことは義務であり、能動的行為と思われています。ならば、ひきこもりやニートはなぜ働けないのか。彼らは主体的に「働かない」選択をしたのでしょうか。多くの場合、そうではありません。なんらかの事情で「働けない」状態となり、その後もずっと「働けない」と「働かない」のどちらともつかない曖昧な状態に宙吊りになっている。その意味では彼らを「働かない人」（意志の問題）とか「働けない人」（能力の問題）と表現するのは不正確です。前者は自己責任論に、後者は治療主義に結びつきやすいという問題もあります。その結果、解決策も「がんばって働け」か「真面目に治療しろ」のいずれかになってしまうからです。

治療やケア全般に言えることですが、「説得」や「アドバイス」はあまり役に立ちません。連続飲酒する人に「飲酒は体に良くない」と伝え、ひきこもっている人に「ひきこもりは心身に良くない」と合理的な説得をすることは、介入としてはほぼ確実に失敗するでしょう。むしろ孤立する自由、ひきこもる自由が確保されたとき、人は初めて孤立やひきこもりをやめる自分だけの動機を獲得します。治療や支援に関わる人は、この逆説を踏まえておく必要があると思います。

まったく同じ意味で、「就労しない自由」を認めずして、就労支援はできません。なぜなら「働かなくても大丈夫」と安心できて初めて、ひきこもり当事者は安定した就労動機を〝発見〟するからです。私の考えでは、最高の「(就労)動機」は、自分自身で発見したものです。そのさい家族や支援者の仕事は「動機を与える」ことではなく「動機の発見を助ける」ことにほかなりません。私が当事者にとって「安心・安全な環境」を重視する理由は、そういうことでもあります。

就労しない自由を認めるべきならば、就労支援は「お節介」ではないのか。この問いの答えは「間違いなくお節介である」となりますが、「すべての治療やケアの根底には、この種のお節介性がひそんでいる」ことも付け加えておきます。依存症の現場でも、「介入」や「強制」を前面に出さずに包摂的に介入を行うやり方が主流になりつつあると聞きます。その意味では就労支援も、後述するような「マイルドなお節介」としてなされることが望ましいのかもしれません。

第四章 家族のための対応のヒント

本人が安心してひきこもれる関係をつくる

ここまでの話で、ひきこもりという現象が実際にはどういうものなのかをおおむね理解していただけたと思います。当事者や家族が自分たちの問題として克服しようとするにしろ、私たちみんなが社会全体の問題として対策を講じるにしろ、ひきこもりについての正しい認識を持たなければ状況を変えることはできません。

この章では、ひきこもり当事者の面倒をみている家族（おもに両親）が具体的にどのように対処していけばよいのかをお話ししていくことにしましょう。ひきこもりの解決には第三者の支援が不可欠ですが、いきなり第三者が本人に関与することはまずできません。ひきこもり当事者は家族以外の人間との接触を望まないので、まずは家族が適切に対応し、外部の第三者につなげるよう努力する必要があります。

ちなみに厚生労働省の「ひきこもりの評価・支援に関するガイドライン」では支援のあり方を四段階に分けており、そこでも最初のステップは「親支援」とされています。家族が第三者に相談するところから始めて、次に「当事者への支援」に進む流れになっているのです。さらに当事者への支援は個人療法、集団療法、ソーシャルワークという三段階を踏むのですが、それについてはのちほど説明しましょう。何より大事なのは、家族の対応です。その重要性は、第三者が関与して以降も最後まで変わりません。これまでの私の経験では、ほかならぬ家族がひきこもりの解決を阻んでいることが多いのです。

もちろん、家族に悪意があるわけではありません。みんな、本人のために「良かれ」と思っていろいろなことをやっています。しかし不適切なやり方に固執すると、裏目に出てしまう。それが結果的に、ひきこもりを長引かせる要因になっているのです。私は育て方や養育方針がひきこもりの原因になるとは考えていませんが、家族の態度いかんでは、そのつもりがないのに先述した「ひきこもりシステム」を強化してしまうおそれがあると考えています。

では、家族の基本的な心構えとしてもっとも重要なことは何か。それは、「本人が安心してひきこもれる関係づくりをすること」です。実際にひきこもり当事者の面倒をみている家族にとっては、ちょっとギョッとする話でしょう。本人がひきこもりの現状に安心してしまったらどうするんだ、と怒る人もいるかもしれません。

だからこそ、多くの家族がそれとは逆のことをしています。「いつまでも養えるほどうちにはお金がない」「親が死んだあとはどうするつもりなのか」などと本人の不安を煽って、ひきこもり状態を早く終わらせようとするのです。

これは、ひきこもりの家族にかぎったことではありません。「勉強して良い大学、良い企業に就職しないと、いつか無職のホームレスになってしまうぞ」などと子どもの不安を煽って勉強させようとする親はどこにでもいます。会社でも、上司が部下を「業績を上げないと左遷されるぞ」といった言葉で脅すのは日常茶飯事でしょう。じっくり考えてそういうやり方を選んでいるのではなく、ほとんど脊髄反射のように「人を動かそうと思ったら、不安にさせるのがよい」と思い込んでいる人が多いのです。もちろん私だけが例外と言うつもりはありません。

ですから家族は、「不安を煽りたい気持ち」を抑えながら、子を「安心させる努力」をしなければなりません。「安心させたら、ますますこの状態が本人にとって楽園になってしまう」とおそれる気持ちはわかりますが、それは多くの家族に共通する典型的な誤解です。

その誤解が生じる理由は、本人と家族とのあいだに対話がないことです。対話をせずに黙ってひきこもっている様子を見ているだけでは、本人の内面がわからず、あれこれ勘ぐるしかありません。だから「毎日が日曜日の楽園」のように見えてしまうのです。

しかしきちんと対話をしていれば、それが本人にとって決して「楽園」などではないことが痛いほどわかるでしょう。何もせずに一人の部屋で日々を過ごすことが、どれほど苦しいことか。それがわかれば、さらに不安を煽るような言葉は口にできないはずです。

普段は対話のない家族でも、たまに言葉を交わすことぐらいはあるでしょう。ひきこもりの本人が、わざと「俺はこのまま一生働かなくていいんだから、こんなに楽なことはない」などと言うこともあると思います。それを聞かされた親は「安心させるわけにはいかない」と焦ってしまうのですが、これは親の前で強がっているだけなので、あまり真に受けるべきではありません。

ひきこもり状態を楽園だと感じている人に、私は会ったことがありません。ほとんどのひきこもりは、その状態に苦しんでいるか、何も感じないように感覚を麻痺させるようにして過ごしています。だから、「安心させたら、ますますつけあがる」との心配は無用です。むしろ安心と安全を保証することこそが、ひきこもりから一歩踏み出す足場と勇気をもたらすのです。

家族から受容されることで社会参加の意欲が生まれる

社会参加する上で、なぜ「安心」が重要なのか。まだ腑に落ちない人もいるかと思います。そこで、少し理論的に説明してみます。

人はなぜ働くのでしょうか。まずはこの点から考えてみましょう。おそらくひきこもりの人の親世代は「食べていくため」と即答するでしょう。あるいは若い世代もそのように回答するかもしれません。実際、内閣府の二〇一一年度「若者の考え方についての調査」によれば、仕事の目的を問われて「収入を得るため」と答えた割合が六三・四％でもっとも高く、次いで「自分の生活のため」が五一・〇％、「自分の夢や希望を叶えるため」は一五・〇％でした。この結果を見て「やっぱり若者も食うために働いているじゃないか」と考える人も多いでしょう。

しかし私は、あえて異論を唱えたいと思います。この質問は、一三項目の選択肢から二つまで選べる形で問われています。その項目中に、きわめて重要な項目が抜けているのです。それが「承認のため」です。もしこの項目が含まれており、その意味が正しく説明されていれば、過半数の若者がそれを選択した可能性があると私は考えています。

若い世代の就労動機は、その内実がすっかり変わってしまいました。これは私自身の臨床経験、教育経験から断言できます。もし就労動機が「食うため」ならば、ひきこもりやニートは食えない状況に追い込めば就労できるはずです。しかし実際には、そのやり方ではうまくいきません。家族関係が断絶したり、本人が衰弱死に至ったりする場合すらあります。食べるために働く時代は、それほど遠い過去のものになっているのです。

これは当然で、若い世代は「飢え」を知りません。飢えとは空腹のことではなく、いつ食べ物が手に入るかわからない状況が、集団的に、長期間続くことを意味します。そうした経験がなくなったこと自体は、もちろん良いことです。

若い世代にとっての就労は、もはやかつてのような「義務」ではありません。彼らが「就労したい」と望むのは基本的に「承認欲求」のためです。これは素朴に「他者から尊敬されたい」という欲望であり、さらに「いまある承認を失いたくない」という不安でもあります。友人や恋人が欲しい、結婚したい、そうした欲望もすべて広義の承認欲求とするなら、それこそが就労動機であると考えたとしても、さほど荒唐無稽には響かないでしょう。

マズローの欲求段階説（次ページの図3）という仮説があります。人間の欲求は、低次なものが満たされることでより高次な欲求が生ずるというもので、要は「衣食足りて礼節

図3　マズローの欲求段階説

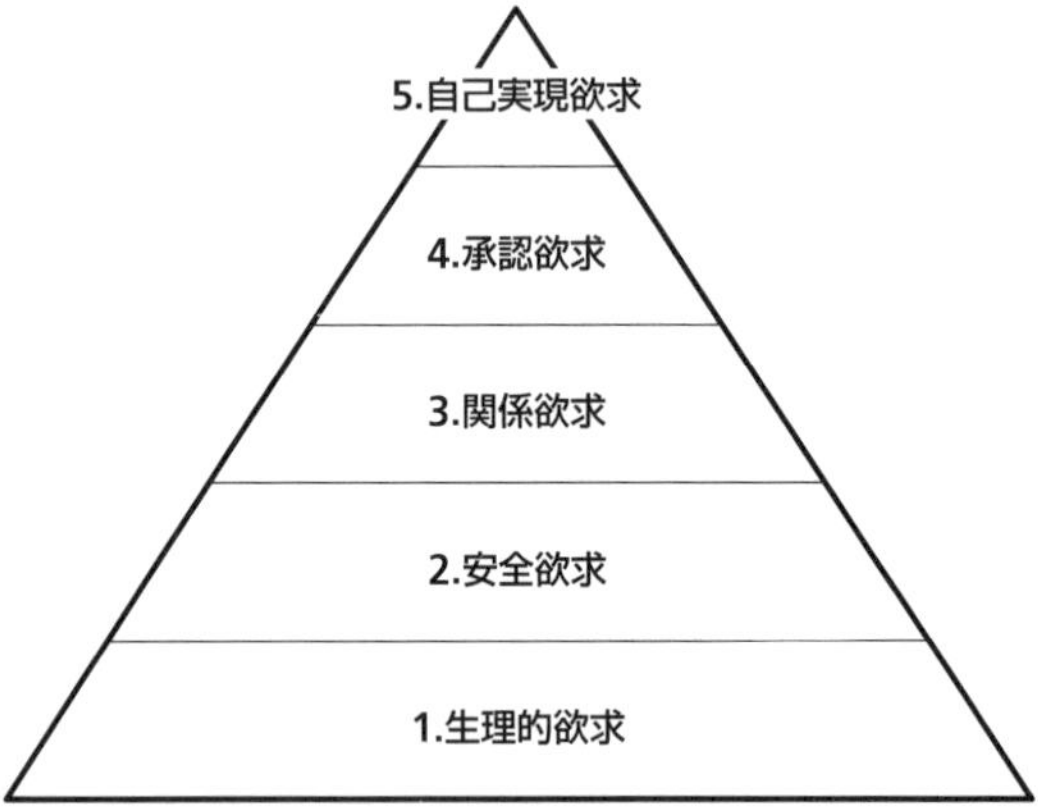

を知る」みたいな話です。

かつての就労は「食うため」という低次の欲求に基づいており、だからこそ「食えない不安」は動機づけになり得ました。しかし現代の就労は「承認欲求」という高次の欲求に基づいています。こうした欲求が生まれるためには、「承認よりも低次の欲求」を、家族が満たしておく必要があるのです。

いや、承認が重要というのなら、家族が承認してあげればいいじゃないか、と考える人もいると思いますが、残念ながらそれは難しい。承認の価値は、いわば希少価値です。家族は身内であり、利害関係などの点からも承認してくれて当たり前の存在です。よって、家族の承認だけでは承認欲求は満たされません。家族以外の、利害関係のない他者から認めてもらう必要があるのです。そうした承認には、希少価値があるからです。

だからこそ、「安心」が重要となります。食べるに困らず、居場所（個室）をおびやかされず、むやみに責められたり批判されたりしない。そのように家族から受容され安心できる環境があって初めて、承認欲求、すなわち社会参加への意欲が生まれてきます。この段階に至って、ようやく就労が単なる義務ではなく、現実的な欲望の対象となるのです。

これが、「安心してひきこもれる関係」が必要となる、理論的根拠となります。

欲望を枯渇させないために小遣いは不可欠

では、安心させるには何をすればよいのでしょう。ここで「説教をすると不安になるなら、何も言わずに放っておけば安心するだろう」と考える親もいますが、それも誤解です。放っておかれると、ひきこもりの人はますます不安になってしまう。なぜなら、自分で生活していく術を持たない当事者がいちばん心配しているのは「いつ親から見放されるか」だからです。

その不安を解消する手段は、二つしかありません。「対話」と「お金」です。

まずお金の話からしておきましょう。「小遣いを与えなければ困って働くだろう」という発想では本人を不安にさせるだけなので、お金は与えるべきです。小遣いがないと、「仕方がないから自分で稼ごう」ではなく「仕方がないからお金を使わずに暮らそう」となってしまうのです。その結果、毎日ただ起きて食事をして寝るだけの「欲のない人」になってしまいます。

ひきこもりを長期化させる要因としては、これがいちばんおそろしい。家で暴れている人以上に、欲のない人は「無敵」です。お金は欲望の種なので、それがないと欲望そのものも消えてしまいます。欲がなければ社会参加しようという意欲も生まれません。お金を与えない親は、それによって社会参加（就労）を促しているつもりでいながら、じつは「おまえは社会参加しなくていい」という逆のメッセージを出しているようなものなのです。

とはいえ、小遣いを無制限に与えるのもよくありません。「月給制」にして、毎月決まった額を一回だけ渡すのがよいでしょう。金額は家庭事情によってケース・バイ・ケースですが、参考までに書いておくと、私が関わっている家族会の平均額は月二万八〇〇〇円。スマートフォンなどの通信費、服飾費、散髪代、交通費などをこれで賄うのは決して楽ではありませんが、それぐらいで何とかやっていける人が多いようです。

最近は親に気を遣って自分から「小遣いはいらない」というひきこもり当事者も多くなってきました。しかし、それでも毎月お金は渡すべきです。本人が受け取らなくても、封筒に現金を入れて定期的に渡したり、銀行口座に振り込んで預金通帳を見せたりして、使えるお金があることをアピールする。たとえ使わなくても、そこに自由に使えるお金があれば、欲望は枯渇しません。「欲のない人」という最悪の状態になるのを避けるには、無理やりにでもお金を渡したほうがよいと私は考えています。なぜなら、「お金は薬」だからです。

対面での挨拶・誘いかけ・お願いごとの効用

もう一つ、「親に見放されるのではないか」という不安を解消するのに欠かせないのは「対話」です。ひきこもり当事者に対して家族がやれることの中では、何よりもこれが重要でしょう。家族との対話なくして、ひきこもりの改善はない――それが私の二〇年来の一貫した考え方です。

ここで言う対話とは、文字どおり「対面」して話をすること。最近は家庭内でもＬＩＮ

Eを使うことがありますが、これはコミュニケーションの補助にはなっても、対話の代替手段にはなりません。部屋から出てこない場合に、部屋の前に紙のメモを置いて意思疎通を図ることもありますが、これも対話とは言えない。あくまでも、フェイス・トゥ・フェイスで言葉を交わすのが基本です。

とはいえ、ひきこもり状態が何年も続いて親子間のコミュニケーションが断絶しているような場合は、いきなり対話をするのも難しいでしょう。そういうときは、まず「挨拶」から始めてください。「おはよう」や「ただいま」というごく当たり前の挨拶でかまいません。挨拶は、誰にでも簡単に発信できる肯定的なメッセージです。安心感を与えるには、相手の存在を肯定することが大事。これは手間もコストもかからないので、ぜひ励行していただきたいと思います。

挨拶をするさいにはコツがあります。言葉に出さなくてもいいので、心の中で「今日も元気でいてくれてうれしい」「生きていてくれてありがとう」といった言葉を呟きながら、挨拶をすることです。大げさなようですが、そうすることで、挨拶の肯定的なトーンが伝わりやすくなると思います。

また、「誘いかけ」や「お願いごと」も肯定的なメッセージを伝える上で有効でしょう。

何かを一緒にやろうと誘われたり、これをやってほしいと頼まれたりしたときに、自分を否定されたと感じる人はいません。洗濯物の取り込みや風呂掃除といった家事の手伝いを頼むと、意外とひきこもりの人は黙々とやってくれるようです。やってくれれば、「ありがとう、またこんどお願いね」と次につなげることができるでしょう。

口も利かないような関係なのに、なぜ頼んだことをやってくれるのか。不思議に思われるかもしれません。ひきこもっている人の親への感情は、なかなか複雑ですが、あえて単純化して言えば、恨み半分、感謝半分というあたりでしょうか。恨みや怒りを口にしていても、それがすべてではありません。一方で、引け目や感謝も感じている。だからこそ、お願いされたことを、案外断れないのです。

もちろん、手伝いをしてもらうこと自体が目的ではないので、「じゃああなたは風呂掃除当番」のような形にしてはいけません。あくまでも目的は日常的にコミュニケーションを取ること。ですから、用事があるたびに毎回「お願い」をするようにしてください。

お願いごとは、もちろん家事だけとはかぎりません。いまの時代なら、スマートフォンやタブレットなどがコミュニケーション・ツールになります。といっても、それを使って何かをお願いするわけではありません。親はその使い方がよくわからないことが多いので、子どもに「これどうやるのか教えて」とお願いするのです。教わりながら、面白い動画を見せ合ったりすることもできるでしょう。共通の話題が少ない親子が、タブレットの操作を通じて会話が豊かになったケースもあります。あるいは親の悩みごとを、子どもに「相談」してみるという手もあります。予想以上にまっとうな答えが返ってきて、驚かされることもあるでしょう。ぜひ試してみてください。

拒否や怒りが強い場合はどうするか

ここで述べたような働きかけをしても、まったく相手にされないという場合もあります。なんらかの理由で、本人の怒りや恨みが非常に強い場合がそれです。

単に口を利かないといっても、さまざまなレベルがあります。

話しかければ生返事ながら「うん」とか「いや」とか反応がある場合。話はしないけれども、食事は一緒に取るし、リビングで一緒に過ごすことなどはたまにある。あるいは、食事は一緒に取りたがらないが、つくっておいたものは食べる。一応このくらいまでは、拒否しているとはいえ、粘り強く働きかければ対話に持ち込める可能性があると思います。焦らずに少しずつ働きかけを続けていきましょう。

しかし、さらに拒否の姿勢が強い場合は、親と決して顔を合わせようとせず、親がつくった食事にも一切手を付けず、自炊したり弁当を買ってきたりして済ませようとするような場合があります。ここまで拒否が徹底している場合は、上に述べたような働きかけでもうまくいくとはかぎりません。

こうした強い拒否の背景には、きまって強い怒りがあります。怒りの理由はしばしば、過去に親からされた仕打ちや、言われた言葉だったりします。おそらく親の側にも思い当たることがあるはずです。その怒りに対応せずに、ただ「対話しよう」と誘うだけでは、本人はますます腹を立て、いっそうかたくなに拒否をするでしょう。

こうした場合、必要なことはまず「謝罪」です。

それも「あのときは悪かった、ごめんなさい」だけでは足りません。原因の説明と謝罪、そして再発予防策が示される必要があります。たとえばこんなふうに。

「あのときはお父さんもどうしていいかわからない不安があって、つい強い言葉を使ってしまった。その後いろいろと学ぶことで、それが間違いだったと気がついた。本当にごめんなさい。あの言葉がどんなふうに間違っていて、それがどれほどあなたを傷つけたのか、いまは理解できるような気がする。もう二度とあんな間違いは起こらないと思うので、またあらためて、あなたといろいろな話がしたい」

これは一例にすぎませんが、自分の間違いといかに誠実に向き合ったかが伝われば、徐々に本人の気持ちもやわらいでいくと思います。難しいかもしれませんが、やってみてほしいと思います。

議論・説得ではなく「どうでもいい会話」を

一方、「対話を妨げるコミュニケーション」もあります。言葉を交わせば何でも有効な「対話」になるというわけではありません。ひきこもりから抜け出させようとするための議論、説得、正論、叱咤激励、尋問などのコミュニケーションは、対話ではなく親の「独り言」にしかならないと思ったほうがいいでしょう。プレッシャーをかけて本人を不安にするだけで、むしろ対話の足を引っ張ることにしかなりません。

「そういうコミュニケーションができないのでは、肝心のひきこもり解決について大切な話が何もできない。それでいいのか」、そう思った人もいるでしょう。しかし「大切な話」をする必要はありません。いや、むしろするべきではありません。そもそも対話とは、何か結論や正解を出すために言葉を積み上げることではないのです。そういう話をしたくなるのは、本人のためというより、自分自身の不安を解消したいからでしょう。世間体を保つために、「このまま放っておいてはいけない」という義務感が背中を押す場合もあるでしょう。

対話するさいの姿勢としては、「本人の存在を肯定すること」を通じて、「安心・安全」の感覚を取り戻してもらうことが望ましいと私は考えています。単に「存在を肯定」と書くと「あるがままでいい」的な肯定を連想するかもしれませんが、そうではありません。この場合の肯定とは「あなたのことをもっと知りたい」という姿勢のことです。当事者の価値観や感じ方を含む、主観的世界のありようを理解し、共有しようと試みること。議論や説得に対して身構えている当事者は、こうした姿勢によって安心感や信頼感を回復していきます。

繰り返しますが、議論や説得を重ねても解決に近づかないどころか、かえってひきこもりを長期化させるだけです。結論や正解を出す会話ではなく、いつまでもダラダラと続けられる「どうでもいい会話」を目指してください。会社の会議みたいな会話ではなく、天気の話から「洗濯物が乾かない」といったボヤキになったかと思うと、いつの間にか亭主の愚痴合戦になったりする、井戸端会議みたいな会話が理想です。その意味では、父親より母親のほうが、対話が得意な人が多いかもしれません。男親はどうしても結論に向かう話をしたがるものです。

また、対話の少ない家庭でありがちなのが「これを見て悟れ」式の無言のコミュニケーションです。たとえばアルバイト募集のチラシなどを、これ見よがしに食卓に置いたりする。「これを見て親の気持ちを察してくれ」というわけですが、本人にとって、これはただの嫌がらせでしかありません。そう思われてしまったら、家族間の信頼関係は築けないでしょう。察してほしい気持ちや見てほしい情報があるのなら、きちんと言葉にして伝えるべきです。たとえば「こういう本があって、参考になることが書いてあったから、よかったら読んでほしい」と口頭で伝え、本人の気が進まなければ断る権利を保障してください。

接し方の基本は「愛情より親切」

いずれにしろ、安心してひきこもれる信頼関係を築く上で大切なのは、家族が温かい言葉で接すること。「北風と太陽」の寓話を思い出せばわかるように、厳しい言葉でひきこもりというコートを吹き飛ばそうとすると、かえって「絶対に脱ぐものか」と深くひきこもってしまいます。

ただし太陽のように温めるといっても、あまり距離を縮めすぎてはいけません。適切な距離感をわかってもらうために、私はよく「愛情より親切」という言い方をします。親がわが子への愛情を持つのは当然なのですが、それをストレートに表現しすぎると、今度は密着しすぎて振り回されてしまうこともあります。本人のためを思って厳しい接し方をして失敗する親もいれば、何でも容認することで状況をこじらせてしまう親もいます。たとえば家庭内暴力まで受け入れてしまったら、長期化することにしかなりません。

そうなるのを避けるには、やみくもに「愛情」をそそぐのではなく「親切」な接し方を心がけたほうがいいでしょう。これはある家族会で当事者の母親が言っていたのですが、その人はいつも「仲の良いお友達のお子さんを預かっているような感じ」でわが子に接しているそうです。理想的な距離感をうまく言い表した言葉だと感心しました。友達の子どもを預かったら誰でも丁寧にやさしく扱いますが、ズケズケと内心に踏み込むようなコミュニケーションはしません。

ひきこもっている人は親の存在を必要としていますが、さりとてずっと見守られているのは鬱陶《うつとう》しく感じるものです。ある当事者は「親にはそばにいてもらいたい。でもそっぽを向いていてほしい」という言い方をしていました。これが、多くのひきこもり当事者に共通する本音でしょう。そこにあるのは、自分が鬱陶しいことをしてほしくないというわがままだけではありません。その裏側には、「ひきこもっている自分のことばかり心配していないで、親も自分の好きなことをして生活を楽しんでほしい」という気持ちも隠れています。

実際、自責の念にかられている当事者にしてみれば、親が自分のことにかかりきりになって悩んでばかりいるのはプレッシャー以外の何物でもありません。子どもとの距離を詰めすぎると、親も一緒にひきこもり状態になってしまうおそれもあります。それでは元も子もありません。「親切」に接しながらも、適度な距離を取って自分のプライベートも大事にしてもらいたいと思います。

夫婦間の対話がない場合はどうするか

ところで、家族内のコミュニケーションで問題になるのは、親子間の対話だけではありません。それ以前に、夫婦間でコミュニケーションが取れていない家庭が多いのです。そのため、子どものひきこもり問題を共有できておらず、今後どう対処していくかについての方針も一致していません。

やはり多いのは、母親が一生懸命この問題に取り組もうとしているのに、父親のほうがきちんと向き合おうとしないパターンです。もともと「子育てのことはおまえに任せた」と妻に丸投げしている夫が多いせいかもしれません。実際、私のところに来る当事者の母親に、「夫がまったく協力してくれない」と相談されることはよくあります。しかし私は、ひきこもりへの対処ならいくらでもアドバイスできるものの、夫婦関係の専門家ではないこともあり、「こうすればよい」という助言がうまくできません。ひきこもりの親子関係よりも夫婦関係がはらむ問題はずっと複雑なので、シンプルなアドバイスくらいでは解決できないという側面もあります。

ひきこもっている本人からすれば、両親はワンセットです。信頼関係を築く相手は、どちらか一人ではありません。母親が子どもを安心させるような対話を心がけていても、父親が厳しく説教ばかりしてプレッシャーをかけ続けていたのでは、子どもは「やっぱり親は自分の苦しみをわかってくれない」と思うだけでしょう。そうなると、せっかくの母親の努力が無駄になってしまいかねません。

したがって、安心してひきこもれる家庭環境をつくるには、夫婦が一致団結して同じ方針を共有しなければいけません。そのために必要なのは、やはり「対話」です。ただしこちらの対話は、子どもとの対話と違って、「どうでもいい会話」だけでは十分とは言えません。夫婦関係があまりにも冷え込んでいるならそこから始める必要もあるでしょうが、わが子のひきこもりにどう対応しようとしているのか、お互いの考えていることを深く掘り下げて話し合ってみる必要があります。

気をつけなければいけないのは、最初から合意を目指さないこと。同じ方針で行動するために合意をしようとすると、お互いに自分の考え方を押しつけようとして、議論や説得になってしまいます。そうなると、対話どころではありません。まずは自分と相手の考え方の「違い」を理解するために対話をしてください。

はじめのうち、ひきこもり問題に向き合う姿勢には、かなりの違いがあるかもしれません。しかし不思議なもので、お互いの違いを掘り下げていくと、逆に一致点が見えてくるものです。最初から無理に一致させようとするとお互いに反発して、むしろ溝が広がってしまう。最初に溝の大きさを見極めたほうが、「そこは同じことを考えているね」というポイントが把握しやすくなり、そこからあらたなアイディアが生まれる場合もあります。

ここからは半ば余談ですが、両親の夫婦仲が良いケースでは、ひきこもり当事者の状況も好転しやすいような印象を持っています。これは、不仲であると当事者が「自分のせいだ」と罪悪感を持ちやすいことも無関係ではないでしょう。対話を通じて両親の関係が改善することは、安心・安全な環境を築く以上の効果が期待できると思います。

まずは公的機関のひきこもり支援窓口へ

次に、外部の第三者から受けられる支援についてお話ししましょう。

それについて何よりもまず問題なのは、ひきこもりで悩む家族の多くが、なかなか第三者に相談しないことです。たとえば私が主宰する家族会のデータでは、ひきこもりが始まる平均年齢は二一歳ですが、家族が最初に相談に行くまでに、平均で三年ほどかかっていました。つまりその間は、外部の力を借りずに家族だけで抱え込んでいるわけです。

外部への相談が遅れるのは、世間体や恥の意識が邪魔をしていることも大きいでしょう。自分たちの家にひきこもり当事者がいることを知られたくない。あるいは、家族自身も認めたくないのかもしれません。

また、ひきこもりは緊急性が低いことも行動を起こしにくい要因です。ひどい家庭内暴力でもあれば別ですが、おとなしくひきこもっているだけなら、当面すぐに対応しなくてもさほど困ることはありません。最初のうちは強い不安があっても、月日が経つにつれて、その状況に慣れてしまうこともあるでしょう。ひきこもり当事者との暮らしは、ある意味で安定しています。もちろん「このままではいけない」という思いはあるのですが、つい行動を先送りしてしまい、気がつくと何年も経っていたりするのです。

そのため、ひきこもり状態にある人はすでに二〇〇万人以上もいると推定されるにもかかわらず、「ひきこもり地域支援センター」への相談件数などはあまり多くありません。それが急に増えるのは、事件が起きたりしてひきこもりへの社会的関心が高まったときです。二〇一九年の川崎や練馬のような事件があると、それまで問題を先送りしていた家族も危機感が高まるのでしょう。私のところにも、「メディアが騒いでいるので、このままではいけないと思って」という家族がよく受診してきます。

すでに述べてきたように、ひきこもりからの脱出には家族以外の第三者の関与が不可欠なので、早めに相談するに越したことはありません。漫然と「もう少し様子を見よう」と放置していても、状況の改善はほとんど期待できないのです。

では、相談する場所にはどんなものがあるか。心当たりがない場合、すべての都道府県と政令指定都市にひきこもり地域支援センターがありますので、そこから始めるのもいいでしょう。自治体によっては、「精神保健福祉センター」がひきこもり支援活動をしているところもあります。二〇年前と違って、公的機関のひきこもり支援窓口は、かなり充実し、バラエティに富んだものになっています。

もし本人が相談を嫌がっているなら、最初から本人を連れて行く必要はありません。厚生労働省のガイドラインでも、最初のステップは「親支援」です。まずは親だけで相談をしてアドバイスを受ければ、今後どうやって当事者支援に進んで行くかもわかるはずです。

また、ひきこもりは病気ではありませんが、精神科のクリニックや病院も相談できる場所の一つです。医療機関の場合、本人抜きでの家族だけの相談を受けつけていないところもあるので、あらかじめ確認が必要でしょう。その探し方については、以下に詳しく説明します。

通院先を選ぶ際の三つのポイント

治療や支援への導入は、一歩間違えばそれまで築いた信頼関係を崩してしまう危険もあるだけに、慎重に進めたいものです。

すでに説明したように、第一歩は親支援、つまり家族相談です。まずは両親のみで、ひきこもり地域支援センターや精神保健福祉センターの相談窓口、あるいはその他の相談機関（治療機関、カウンセリングセンター、学校や保健所などの相談室）に通い始めます。

通院先の探し方ですが、「思春期事例（不登校など）の経験があること」「家族だけの相談にも応じてくれること」さらに「通院の便が良いこと」という三つの点が重要です。とりわけ重要なのは、家族相談を引き受けてくれるかどうかで、これは電話して確認するほかはありません。そういう治療機関は最近少しずつ増えてきていますから、根気よく探してみてください。

通院の便も重要です。治療にはしばしば年単位の時間がかかりますから、あまり遠方だと通院が苦痛になるものです。親はもとより、もともと乗り気ではない本人にとって、ただ遠いというだけでも、通院拒否の理由にはなり得ます。緊急時についても、遠い病院では対応できません。また、地元の社会資源にどんなものがあるかも、地元の治療者でなければ十分にはわかりません。目安としては、一時間以内で通える病院を探すことをお勧めします。

家族相談の段階から、相談に通っている事実は本人にも伝えていきます。これにかぎらず、常に「手の内」は見せながら相談を続けることが望ましいと思います。最初は本人も嫌がって「通院をやめてくれ」と言うかもしれませんが、わが子の心配を専門家に相談することは親の正当な権利です。ここは「親のわがまま」で押し切ってかまいません。

とはいえ、このあたりの呼吸はなかなか微妙です。じつは本人自身も、うすうす治療のニーズを感じていることが多いのです。最初はひどく嫌がっていた本人が、次第に両親が相談に通うことを受け入れて文句を言わなくなり、そのうち「今日は医者は何と言ってい たか」などと興味を示すようになることもめずらしくありません。そんなとき、あまり意気込んで「素晴らしい先生だからぜひ一緒に行きましょう」などと言わないことです。「まあまあの病院に、そこそこの医者がいた」くらいに言っておくのが無難でしょう。もちろん本人には、相談内容をそのまま伝えてかまいません。

ちなみに本人を通院に誘う場合、前の日に誘うことはあまり勧められません。一晩寝ると気が変わることはよくあります。むしろ、通院当日の朝に声をかけ「一緒に行ってほしい」と誘い、応じない場合は諦めて親だけで通院することを続けましょう。強引な説得はくれぐれも禁物です。これを定期的に、ただし一カ月以上間隔を空けない程度に継続していくのです。

個人療法→集団療法→ソーシャルワーク

外部の支援を受け、先ほど説明したようなコミュニケーションによって家族関係が改善したら、次はどこかの時点で本人に対する「個人療法」を始めることになります。本人も本心では「出口」を求めていますから、根気強く誘い続けていれば、やがてその気になるはずです。そのためにも、ふだんから本人が安心できる対応を心がけることが重要なのです。

「個人療法」といっても、本質的には病気ではないのでそんなに特別なことをするわけではありません。それこそ、毎日散歩につきあってくれる友人ができるだけでも状態が良くなるのがひきこもりです。家族以外の人と会って話をするだけでも、大きな一歩と言えるでしょう。私の場合も、この段階では世間話などをしながら本人との信頼関係を築きつつ、家族との関係を調整したりするのがおもな仕事です。

個人療法の次は、集団療法へと進みます。これも何か大げさですが、要は家庭以外の「居場所」に参加してもらい、同じようなひきこもり経験を持つ同世代の仲間との親密なコミュニケーションを経験してもらう段階です。とくに不登校からひきこもりになった人は、同世代と親密な関係になる経験をほとんど持っていません。だから若いひきこもり当事者にとっていちばん怖いのは、同世代の人です。それが外出できない理由にもなりがちなので、集団療法を通じて同世代の人たちへの恐怖心や劣等感をやわらげておくことが必要なのです。

集団に参加する意味は大きく分けて三つあります。

一つめは、親密な関係を通じて承認欲求を満たすことです。先ほども述べたとおり、家族による承認はある程度以上は力になりませんが、家族以外の他者からの承認は本人の自信につながります。親しい友人や恋人ができること、安定して親密な関係が続くことは、ひきこもりにとって、どんな治療よりも価値がある経験となります。

二つめは、欲望の回復です。「欲望は他者の欲望」という有名な言葉がありますが、これは私なりに言い換えると、「意欲や欲望は他人からもらうもの」という意味です。一人で長いあいだひきこもっていると、自分は何が欲しいのかがよくわからなくなることがしばしばあります。他人とともにいて、他人の欲望に接していると、その刺激から、自分の欲しいものがだんだん見えてくる。集団参加にはそういう効能もあります。

三つめは、広い意味での「社会性」の獲得です。集団の中にいるとき、人はそれだけで、「社会」の刺激を浴びるように受け止めています。そこから公共心であるとか、共感であるとか、他者への配慮であるとかがもたらされ、育まれていきます。その意味で集団に参加している人は、家族や治療者が助言するまでもなく、一人で成長していくことができる。良質で安全な集団には、そうした力がひそんでいると、私は考えています。

　集団参加に慣れてくると、同世代からはさまざまな刺激を受けるようになります。たとえば仲間から「そろそろ俺たちも働かないとなあ」などと言われると、自然にその気になって自ら次のステップに進んで行く人も少なくありません。言葉というのは「誰が言うか」によって意味合いが違ってくるのでしょう。親や医師が同じことを言ってもうんざりするだけなのに、同世代にそう言われるとモチベーションが上がることがあるのです。

　そうやって本人にも「出口」が見えてきて、社会参加を望むようになったら、次の段階であるソーシャルワークに進みます。就労をはじめとする具体的な社会参加の試行段階です。念のため言っておくと、そうやってステップアップしても、それ以前の支援をやめるわけではありません。家族支援、個人療法、集団療法も並行して続けながら、どうやって社会復帰を果たすかを具体的に模索していきます。就労支援の持つ意義については、のちほど述べることにします。

　以上、家族支援から始まる四段階のプロセスを簡単に紹介してきました。もちろん、すべてのケースが同じように進んで行くわけではありませんし、途中で滞ることもあれば、迂回したり元に戻ったりすることも当然あり得ます。二次的な精神症状の治療が必要になるケースもあるでしょう。

いずれにしろ、そんなにすぐ結果が出るわけではありません。かなり順調に進んでも、安定した社会参加までには通常二年間ぐらいはかかります。したがって、本人はもちろん、家族にも忍耐力が必要です。その間、第三者に任せっぱなしでよいわけではなく、ずっと本人に安心感を与えるような対話的関係を続けなければならないので、大変だと感ずる人も少なくはないでしょう。

実際、途中で家族のほうがドロップアウトしてしまうこともあります。ひきこもり支援でいちばん難しいのは、なかなか状況が良くならないなかで家族のモチベーションをいかに維持するかということかもしれません。

そこで大事な役割を果たすのが、同じような境遇の家族が集まる家族会です。似たような状況で悩んでいる人の話を聞けば「自分だけじゃない」と安心できるでしょうし、すでに社会復帰に近づいている人に出会えば勇気も出てくるでしょう。それも相談場所の一つとして有効に活用していただきたいと思います。

悪徳業者を見分けるポイント

自治体や医療機関のほかにも、ＮＰＯ（特定非営利組織）やグループホームなど、ひきこもり支援を行っている民間団体はいろいろあります。居場所を提供するフリースペースや就労支援など多様なサービスがあるので、本人の段階に応じてそれらを利用するのもいいでしょう。

ただし民間団体は専門性や経験などがさまざまなので、必ずしも支援内容のクオリティが高いとはかぎらないのが実情です。適切な団体を家族だけで見つけるのは困難なので、最初から一カ所だけに頼るのはあまりお勧めできません。まずは公的機関や医療機関に相談して、必要ならば本人の目的に合うところを紹介してもらうのがよいと思います。

支援を頼む先としてもっとも警戒しなければいけないのが、前章でお話しした「悪徳業者」であることは言うまでもありません。ひきこもりがらみの事件が起きて注目が高まると、そういう業者の情報が目に入る機会も増えると思います。高額な料金を払った上に最後は見捨てられ、本人の尊厳や人権がひどく傷つけられるという悲惨な目にあわないためには、悪い業者を見分けるポイントを知っておいたほうがいいでしょう。

試しに、インターネットで「ひきこもり　自立」といったキーワードで検索をかけてみてください。上位には、私の目から見ると危ない業者の名前がズラリと並んでいます。グーグルで検索上位になる業者は、単に「人気がある」わけではありません。いわゆる「SEO（検索エンジン最適化）」対策を行って、目立つようにしています。SEO対策にはかなりの費用がかかるので、手弁当でひきこもり支援をやっているような良心的な団体にはできません。高額な料金を取って儲けている業者だからこそ、上位になるのです。

ところが、信用できない業者のウェブサイトには料金がはっきりと書かれていません。実際には、拉致監禁のための初期費用だけで平均四〇〇万〜五〇〇万円かかるところもあるのに、それは明らかにしていないのです。

また、そこに書かれているメッセージのほとんどが当事者ではなく「親」に向けられているのも特徴の一つです。それも「放っておくと家庭が崩壊します」「お子さんが通り魔になってしまうかもしれません」といった具合に家族の不安をかき立てるようなことばかり書かれています。ひきこもりで苦しむ本人に寄り添うような言葉は一つも見当たりません。仮に拉致監禁のような犯罪的行為をしないとしても、そのような業者は本書でここまで指摘してきたようなひきこもりへの誤解や偏見を持っています。まともな「自立支援」など期待できるわけがありません。

そういう業者に引っかかると、金銭的な損失や精神的な被害を受けるだけでなく、親子間の断絶が修復不能なほど深まってしまいます。それはそうでしょう。暴力的な業者に自分を預けて厄介払いしようとした親のことを、子どもが信頼するはずがありません。そうなったら、対話はおろか、本章で紹介した四段階の支援プロセスに乗ることさえ難しくなってしまいます。ひきこもり状態から抜け出させたいのであれば、安易にそういう業者に頼らず、回り道に見えても時間をかけて粘り強い支援に取り組むことをお勧めします。

親亡きあとのライフプラン＝お金の問題を考える

ここまでお話ししてきた家族の対応や支援のプロセスは、若いひきこもりにかぎったものではなく、中高年ひきこもりの場合でも基本的には同じです。しかし、時間をかけて粘り強く努力するといっても、中高年のひきこもりの場合は限界があるでしょう。八〇代の親が五〇代のひきこもり当事者の面倒をみるような生活は、いつまでも続けられません。

ひきこもりの支援には、それなりの気力と体力が求められます。親もいつまでも生きているわけではないので、経済的な問題も考えなければいけません。責任感の強い親ほど「自分の目の黒いうちは面倒をみる」と考えがちですが、先々のことを考えれば、それはむしろ無責任な言い方でしょう。いくら健康で長生きの人が増えているとはいえ、九〇歳を過ぎてもひきこもりの面倒をみるのは困難です。

本当に子の将来を思いやるのであれば、長期的なライフプランを立てておくことが望ましいと思います。川崎の通り魔事件を起こした男性も、急に「この生活が終わる」と感じて強い不安にかられた可能性があります。あれは典型的なひきこもり事例ではないとはいえ、予測できる将来に対してはあらかじめ準備をしておき、親も子も徐々にそれに向けた具体的な覚悟を持つようにするのがいいでしょう。

医療以外の支援と言えば、近年、ささやかながら私が開拓に関わり得たと自負している分野が一つあります。「ひきこもりのライフプラン」です。

本人が三〇代、四〇代になるともう就労は不可能などと言うつもりは毛頭ありません。何歳からでもチャンスはありますし、実際、その年代で職に就いて社会復帰を果たすケースは少なくありません。ただ、残念ながら一〇〇%ではない。そこで、就労支援は重要ですが、就労できなかった場合にどうサバイバルするかという視点も重要になってくるのです。つまり「お金」の問題です。

あいにく私はお金の専門家ではありません。しかし幸運にも、同じ問題意識で活動されているＦＰ（ファイナンシャルプランナー）の畠中雅子さんのことを知り、『ひきこもりのライフプラン　「親亡き後」をどうするか』（岩波ブックレット）という共著本を出版することができました。この本はひきこもりにかぎらず、なんらかの障害やハンディキャップによって就労が困難な子どもの「親亡き後」を考える上で、たいへん示唆に富む内容になっていると思います。

もし親に「万が一のこと」が起こった場合に、経済事情はどうなるのか。ライフプランとは、突き詰めればこの点を問題にします。資産や借金がどのくらいあるのか。保険金はどの程度期待できるのか。相続はどのようになるのか。相続に関して言えば、この機会に遺言状を作成しておくことも検討しておくべきでしょう。きょうだいがいない場合は、「死後事務」についても話し合っておく必要があります。

こうした話し合いは、本人の危機感を煽るためではなく、本人を一人の大人として信頼し、その自立した判断にゆだねるためになされます。そのさいは、お金の専門家であるＦＰに相談することをお勧めします。両親だけでライフプランを設計するのはかなり面倒な上に、大事な項目が抜けてしまったりしかねませんし、何よりひどく気が重い作業になるでしょう。ずるずる先延ばしになるよりは、専門家に相談して一気に進めたほうがいいと思います。

そうした相談の場には、できるだけ本人にも参加してもらってください。お金の話に参加してもらうことで、親子間の対話が深まることもありますし、何より本人が具体的に将来のことを考える良いきっかけになります。それまで暴力的だった息子が、しっかりお金について話し合った結果、穏やかになったというエピソードを聞いたこともありますが、そうした「効果」も期待できるでしょう。

「あなたを扶養できるのはあとX年」と宣言する

ライフプランを検討した結果、経済的に余力がなく本人の扶養が難しくなりそうな場合は、そうした限界についても告げておく必要があります。両親が「われわれの老後の生活を考えると、あなたを扶養していけるのはあとX年が限界だ。それ以降は障害者基礎年金か生活保護を受給しつつ別々の生活をしていこう」ということを宣言するわけです。

経済的にゆとりがあることを知られたら、本人が安心して働く気がなくなってしまうのではないかという不安もしばしば耳にします。しかしある当事者は、「親が自分を信頼して、経済事情を明かしてくれ、当分は心配ないことがわかったので安心して働こうという気になった」と話していました。このように、就労意欲の基盤となるのは、経済的な安全保障感なのです。

たとえば親がいずれ老健施設などに入りたいと考えているなら、何歳でそうするということを子に宣言しておきます。子がその後どうすべきかは、親からは言いません。「親としてはここまでできる」「その後は自分たちはこう生きる」と伝えるだけです。そこで子が「それは困る」と言ってきたら、「なぜ困るのか」を聞く。それに対して「一人では食べていけない」と言ったときに、初めて「では生活保護を受けたらどうか」と提案するのがよいでしょう。親が老健施設に入り、当座の生活費は生前贈与して世帯分離をすれば、貯金がなくなるころに子は生活保護を申請できます。

施設に入らないとしても、親が先に死ぬことのほうが多いのですから、その後の収入をどう確保するかについてよく検討しておくことです。たいがい親が保険料を払ってくれているので、本人は自分の年金を受給する資格があるのですが、本人一人ではその手続きが難しい場合があります。本人には、自分がずっと社会に顔向けできない生活をしてきたという罪悪感があり、役所に行くと叱られるのではないかという怯えがあるのです。年金にしろ生活保護にしろ、必要となれば申請する権利があることを早い段階でしっかりと認識してもらい、どういう手続きをすればよいのかを確認しておいたほうがいいでしょう。

長期的なライフプランを立てる上では、家の経済状況をありのままに伝えることも大事です。現時点で資産と収入がどれだけあるのかを明らかにして、もし本人がこのまま働かなければ、この生活はあと何年しか続けられない——という現実を親子で共有するのです。その上で、「もしあなたが月三万円でも稼いでくれたら、三年ではなく五年ぐらい保つよ」といった話をするといいでしょう。

いまは、中高年のひきこもりでもできる仕事はかなりあります。工場勤務や清掃業務のほか、デスクワークの選択肢も広がってきました。「就労移行支援」を利用して就労する人は大勢いますし、障害者枠の仕事も人手不足なので、その気になれば月三万円ぐらい稼ぐのは難しいことではありません。

しかも実際には、月三万円稼げる人は、それほど無理をしなくてもいずれは月一〇万円ぐらい稼げてしまうものです。とはいえ最初から目標を「月一〇万円稼ぐ」に設定するのは無理があります。目標額を低めに設定することは、とりあえず働いてみたいという気持ちがある人にとっては動くきっかけになりやすいでしょう。

第五章

家庭内暴力への対応のヒント

子どもから親への暴力は鎮静化可能

前章では、ひきこもりに対する家族の接し方を中心にお話ししました。しかし、一つ触れなかった問題があります。家庭内暴力への対処法です。

何度か述べてきたとおり、ひきこもりと犯罪はほぼ無関係ですが、別のリスクがあります。それが家庭内暴力です。もちろん被害を受けた家族が訴え出れば家庭内暴力も犯罪になりますが、そうしたことはまずありません。私の調査では、慢性的な家庭内暴力があるのは全体の一〇％弱にすぎませんが、一過性のものはおよそ五〇％のひきこもりに見られます。家庭内暴力には通常のひきこもり対応とは異なる接し方が求められるので、ここでまとめてお話しすることにしましょう。

最初に申し上げておきますが、ひきこもりの家庭内暴力は夫婦間のＤＶほど厄介なものではありません。夫婦間のＤＶは加害者がストーカー化してしまうなど、対応がはるかに難しい。しかし子どもから親への暴力は、親の対応次第で鎮静化させることが可能です。元次官の父親が家庭内暴力をふるう四四歳の長男を手にかけてしまった練馬の悲劇的な事件も、そこまで思い詰める前に公的機関や専門医に相談していれば防げたかもしれないと思うと、残念でなりません。

では、子の家庭内暴力に親はどう対応すればよいのか。まず知っておくべきは、親自身の言動が家庭内暴力の引き金になっているケースが多いことです。

親は子のひきこもり状態を何とかするために、「良かれ」と思って厳しく叱責してしまうことが多いという話は前にしましたが、これは相手を不安にさせるだけではありません。場合によっては、強い反発から家庭内暴力に発展します。

ひきこもりの人は自分の人生を失敗だと思い込んでいますが、それを「自分のせい」とばかりは考えません。この辛い現状は、多少は自分のせいでもあるにせよ、おもな原因は親にあると考えがちです。そういう視点で親がやってきたことを思い返せば、その中から「原因」を探すのは難しいことではありません。無理に学習塾に通わされたことを恨む人もいれば、逆に親が塾に入れてくれなかったことを恨む人もいます。過去の不本意な出来事を、すべて現状の原因だと決めつけてしまうわけです。そんな事実はないのに、親から虐待されていたかのように思い込んでしまう人もいますから、親にしてみれば理不尽な話でしょう。

過去の恨みつらみについての話は、否定や反論をせずに、丁寧に聞き取る必要があります。叱責にかぎらず、厭味《いやみ》や皮肉を言うことも、本人を怒らせるだけです。大事なのは、あくまでも安心や安全が感じられるような対話です。もし子どもに暴力をふるわれたら、まずは親が自分自身の言動を振り返ってみるべきでしょう。子どもの話を聞かずに説教や厭味ばかり言っているとしたら、それが暴力の引き金かもしれません。

元次官の事件でも、両親が本人の恨みつらみにじっくり耳を傾ける時間をつくることができていたら、息子が納得して徐々に暴力をふるわなくなった可能性はあると思います。ひどい罵声を浴びることは覚悟しなければいけませんが、それを何とかクリアできれば、そこから対話的な関係を築ける可能性があります。話を聞く際には、できるだけ両親そろってが望ましいでしょう。あとでも述べますが、対話とは本来、複数対複数でするのが自然な形だからです。

「暴力はいけない」ではなく「暴力は嫌だ」

あの事件でもう一つ感じたのは、前章でもお話しした親子間の「距離」の問題です。報道内容からの想像ですが、私はあの親子関係に強い絆を感じました。息子を放り出すことなく、自分の手にかけるしかないと思い詰めるほど丸ごと抱え込んでいたからです。そういう絆が強くなければ、中学二年のときから三〇年間もの家庭内暴力に耐えることはできないでしょう。そして、絆が強いからこそ、外部に頼ることができなかったのだと思います。親子間に適度な距離があれば、もっと早い段階で外に助けを求めていたのではないでしょうか。

ひきこもりへの対応は「話を聞く」が基本ですが、家庭内暴力には寛容な態度を見せてはいけません。もちろん、対抗して暴力をふるうのは論外です。家庭内暴力に対する親の態度は、「拒否」が基本。「私はあなたから暴力を受けたくない」と言葉でも態度でも明確に示してください。

よく「暴力はいけない」と一般論でやめさせようとする親がいますが、こういう「禁止」の言葉は説教と同じなので逆に反発を買ってしまいます。それに対して「拒否」は、暴力を受けるのは嫌だという自分の気持ちを述べているのであって、説教ではありません。親は子どもが小さいころから、世の中のルールや道徳を教えようとする傾向があるので、問題行動に対して「嫌だ」と拒否するよりも、「そういうことをしてはダメ」と禁止の言葉を使いがちです。少なくとも家庭内暴力に関しては、禁止はまったく無効です。毅然として「暴力は嫌」と伝え続けることが第一歩です。早い段階であれば、それで収まってしまうこともあります。

余談ですが、ある支援者のアイディアで、母親が子どもから暴力をふるわれていたら父親が「俺の女に何をする！」と怒りなさい、というものがありました。なかなか面白い方法で、ポイントはもちろん「お母さん」ではなく「俺の女」と言うところです。これ以上の説明は野暮なのでしませんが、たしかに一部のケースには有効だと思います。

予告した上で警察に通報する

それでも暴力が収まらない（あるいは毅然とした態度で拒否できない）場合は、親側の対応を「予告」しておきましょう。

「次に同じような暴力が起きた場合は、警察に通報します」

「こういう暴力が続くなら一緒に暮らせないから、一時避難することを考えています」

などと、あくまでも暴力を拒否する意思を具体的な行動指針として伝えてください。そうした予告だけで暴力が止まるケースを、私はたくさん見てきました。本人も「親がそこまで嫌がっているとは思わなかった」と驚くようです。

しかし、それでも暴力が続くケースもあります。その場合は、予告どおり警察に通報してかまいません。わが子が逮捕されるのは困ると思うかもしれませんが、一一〇番通報しても、実際に警官が来るころにはたいがい暴力は収まっています。したがって現行犯逮捕はできません。民事不介入という名目で帰ってしまうか、せいぜい「親御さんは大事にしなきゃいけないよ」などと本人に説諭して帰るだけでしょう。それで十分です。つまり重要なことは「拒否のパフォーマンスとしての通報」です。

　ただし、くれぐれも強制入院のような事態にならないように気をつけてください。たしかに暴力は自傷他害のおそれに該当するので、適当な診断名（統合失調症など）をつけて措置入院や医療保護入院などの非自発的入院（強制入院）になることもあり得ます。しかし、入院では家庭内暴力は解決しません。入院させられた本人は、病棟では人が変わったように穏やかに振る舞い、周囲からも「なんであなた入院してるの」などと不思議がられます。病院側もそういう患者を長期には置いておけませんから、せいぜい一カ月程度で退院になるでしょう。そして帰宅してから「お礼参り」的な暴力が再発することがあります。つまり入院では解決はおろか、いっそう状況をこじらせるだけなのです。

　心配なら、あらかじめ地元警察に相談しておく手もあります。家庭内暴力のことを話して、通報したらちょっと来てもらえるようにお願いしておくのです。「逮捕や入院は避けたい」とも伝えておいたほうがいいでしょう。警察に通報するのではなく、警備会社と契約してボタンを押すと来てくれるサービスを利用するのも一つの方法です。

いずれにしろ、本人は通報されることによって、「暴れると他人が家に上がり込んでくる」ことを学習します。ひきこもり当事者は一般に「家族以外」との接触を嫌うので、第三者が家庭に介入することを歓迎しません。それを避けるために、暴力をやめる可能性が高いのです。

また、家庭内暴力によって物が壊されたときは、家族が自分で直すのではなく、必ず業者を呼んできれいに修理してください。ときどき、本人への見せしめのために壊れたまま放置する親がいますが、これは逆に次の暴力を誘発します。建物の割れた窓を放置しておくと犯罪のハードルが下がって治安が悪化する、という「割れ窓」理論がここにも当てはまるわけです。家の中が荒れていると、さらに暴れやすくなる。しかし、そのたびに第三者である業者を呼んで修復していると、それだけでも暴力の抑止効果が生じます。

予告した上で自宅外に避難する

自宅以外の場所への「避難」も、予告後に暴力が収まらないならすみやかに実行してください。ホテルでも親戚の家でもどこでもいいでしょう。そのときに備えてあらかじめ荷物などをまとめておいて、暴力をふるわれたらその日のうちに避難するわけです。私の関わったケースでは、暴力によって軽い怪我をした母親が病院で手当を受け、そのまま「しばらく入院する」と告げて自宅に戻らず、避難したこともありました。退院したら暴力は完全に収まっていました。

通報と同様に、こちらも「パフォーマンスとしての避難」ですから、そのまま別居、みたいにならないように気をつけてください。長期間の別居は、むしろ解決を困難にします。ひきこもり当事者は、親に見放されることを非常におそれています。ですから、避難の可能性をほのめかされただけでも、内心かなり慌てます。

ただし、避難した親に完全に見放されたと思い込むと、本人は自暴自棄になって自傷行為をはじめとする危険な行動に走りかねません。ですから、いったん避難先に落ちついたら、自宅に電話を入れてください。「暴力が嫌だから逃げただけで、あなたのことを見放したわけではない」と伝えるためです。

おそらく、この時点では本人は謝罪するでしょう。ＤＶと同様に、暴力をふるった直後はかなり反省しているので、泣かんばかりに謝って「もう絶対に暴れないから帰ってきてほしい」などと言うと思います。しかし、その言葉にほだされてすぐに帰宅してはいけません。二～三日はおとなしくしていても、暴力は再発するでしょう。反省が定着するには、まとまった時間が必要です。おおまかな目安としては、一～二週間で十分かと思います。一日に一度は自宅に電話を入れて話を聞き、本人が暴力を諦めた手応えがあったら、一時帰宅するといいでしょう。

ただし、あくまでも「一時帰宅」です。「あなたが本当に暴力をふるわないかどうかたしかめに来た」という体《てい》で、一泊だけする。そこで暴力をふるわれることはまずありませんが、また避難先に戻りましょう。それを何度か繰り返して、問題がないようならば「もう暴れないとわかったから、家に戻ります」と宣言してください。この段取りで進めて行けば、たいがいの家庭内暴力は収まります。

暴力を諦めていちばんホッとするのは本人

通報にせよ避難にせよ、家庭内暴力をなくす方法は、一方的な「抑圧」ではありません。大事なのは、「この家ではもう暴力はふるえない」と本人に諦めてもらうことです。じつは、そうやって諦めることでいちばんホッとするのは、本人なのです。

たとえば覚醒剤使用で逮捕された芸能人が、「ホッとしました」とコメントするのを見聞きしたことがあるでしょう。暴力を諦めた本人がホッとするのも、それとよく似ています。薬物依存症と同様、暴力も「悪いとわかっているのにやめられない」ものなので、本人もじつは苦しいのです。

その苦しさをやわらげるためにまたやってしまうという点でも、薬物依存症と家庭内暴力は似ています。薬物依存症の人は、それが「気持ちいい」からやるのではありません。薬の効果がなくなったときの苦しさを緩和したいから、また薬に手を出してしまうのです。

家庭内暴力の場合も、本人は親を叩いてスカッとしているわけではありません。むしろ、そんなひどいことをしてしまう自分のありように、深い悲しみを抱えています。そして、その悲しみを緩和するためにまた親に暴力をふるってしまう。暴力をふるっても悲しいし、ふるわなくても悲しいという、とても複雑な心理です。それを諦めさせるには、親がはっきりと暴力を「拒否」するしかありません。

抑圧でも受容でもない「拒否」という選択

ところで、川崎の事件で暴力が同居する伯父伯母に向かわず、通り魔という形で外に向かったのはなぜでしょう。これは、距離感の違いによるものだと私は思います。

　ひきこもりの家庭内暴力や夫婦間のＤＶが親や配偶者に向かうのは、相手が自分の一部のような存在だからです。自分の所有物として意のままになる存在だと思い込んでいるので、それが自分の思いどおりにならないと激怒してしまうのです。伯父伯母は身内ではありますが、親や配偶者ほど距離が近くありません。こうした距離感ゆえに、家庭内暴力が起こりにくかったのではないでしょうか。

　もし私があの川崎のケースで事件前にアドバイスを求められたとしたら、まずは訪問を繰り返して、何とか本人と会うための働きかけをしたと思います。そうしていれば事件は防げたはず、と主張したいわけではありません。ほとんど生活感のない部屋に暮らすなど、典型的なひきこもりとは違う印象があるので、まずは直接会わなければ、どういうタイプなのかなかなか判断できないと思うからです。

　もっとも、たとえ支援者と会うことができなくても、部屋の外から声をかけ続けるだけで、問題行動を予防する効果はあります。会うのが難しい事例でも、やれることはいろいろあるのです。同居する家族との距離感を縮めるために、できるだけ食卓を一緒に囲むようアドバイスしたかもしれません。周囲の人間が接し方を少し変えるだけで、ひきこもり当事者の行動は大きく変わることがあるのです。

暴力を抑圧するのではなく「拒否」してもらうことや、接し方を変えることで問題行動を減らそうとするといった、私の考える対応策にある種の「手ぬるさ」を感じる人もいるかもしれません。かつて、不登校やひきこもりに対する向き合い方は、戸塚ヨットスクールのようなスパルタ式の方法論が一つの主流でした。いわば「タカ派」的な介入です。こうした手法の問題点については、すでに指摘しました。

その一方で、子どもの家庭内暴力を徹底的に「受容しなさい」という方法論もありました。こちらはいわば「ハト派」。「暴力は愛をもって受け止めましょう」という考え方で、戸塚ヨットスクールと同様、まったく成功例がなかったわけではありません。本人の言動すべてを親が受け入れることで、本人が反省して暴力をやめたという実例はあるようです。一種の「美談」と言えますが、「美談は一般性がないから美談」なのです。誰もが真似られるものではありませんし、真似すべきでもありません。

何でも受け入れるこの態度を「全受容」と言います。全受容ブームは少数の美談と、それをはるかに上回る失敗例をもたらしました。必死で我慢しながら暴力を受け入れたことがトラウマになり、文字どおり心身ともに傷だらけになった結果、ついに耐えられなくなって子殺しをしてしまったケースもあります。それも、一件ではありません。カウンセラーなどから暴力を「全受容」するよう助言された親が結果的に子どもを殺してしまった事件は、過去に公表されているものだけでも四件以上あります。

もっとも有名なものは一九七七年に起きた「開成高校生殺人事件」でしょう。開成高校に通学する息子の家庭内暴力に悩んだ父親が、高校二年生だった長男を絞殺するに至った、非常にいたましい事件です。暴力は母親に対する身体的な暴力に加え、窓ガラスを割る、ドアを壊す、部屋中に水を撒く、洋服に火を付けるなど、非常に激しいものでした。驚くべきは専門家の対応で、父親は本人とともに精神科を受診していますが、医師は「精神病ではなくわがまま病」「入院は必要ない」「(暴力は)やりたいだけやらせなさい」と指示するのみだったと言います。これこそが悪しき「全受容」ではなくて何でしょうか。私はこの事件については、父親に助言した医師の責任も問われるべきだと考えています。予防可能な悲劇を防げなかったのですから。私ならもちろん、上に述べた対応、すなわち拒否、予告、通報、避難を段階的に勧めたと思います。

こうした「タカ派」と「ハト派」の不毛な対立が長く続いたことで、適切な手法の普及が遅れたことはたしかでしょう。私が推奨するやり方は「タカ派かハト派か」の二択ではありません。抑圧も受容もしない「拒否」という選択肢があるのです。特別な話ではありません。いまどき夫婦間のDVを「それは愛情の印だから我慢しなさい」と助言する専門家がいるでしょうか。それが親だろうと配偶者だろうと、あるいはわが子だろうと「暴力は暴力」です。そして、くれぐれも忘れないでいただきたいのですが、どんな人でも「暴力を受けない権利」「尊厳を侵されない権利」を持っています。「子育てに失敗した（と思い込んでいる）親」であっても。

私のやり方は、もともとDV臨床からヒントを得たものです。子どもの家庭内暴力の相談を年間一〇件前後受けますが、すべて先ほど説明したやり方で対応し、ほぼ鎮静化に成功しています。「ほぼ」というのは、途中で来なくなった事例がわずかにあるためで、つながっている事例は全例収まっています。きちんと実績を上げてきた手法なので、ひきこもりの家庭内暴力に悩まされている人にはぜひ参考にしていただきたい。暴力の解決は、ひきこもりの解決よりは、はるかに容易なことです。

一人暮らしをしてもらうなら支援の金額と期間を明確に

わが子を警察に通報したり、自宅に置いて避難したりするのは、親にとってハードルの高いことかもしれません。しかし、何年も暴力に苦しんで親子ともども深く傷つくよりは、早い段階で思い切るほうが、早期に安心・安全な環境をつくりやすくなるでしょう。

　通報や避難などの徹底した「拒否」を貫いても暴力が収まらない場合は、本人の入院を検討することもやむを得ません（そうした事例はかなりまれですが）。ただ、二〇〇〇年の西鉄バスジャック事件のような前例もありますから、本人の同意が必要です。あのような事件は起こさないまでも、同意のない強制入院では、状況の改善は期待できません。不本意に病院や施設に入れられた本人にはそれがトラウマとなり、退院後の親子間の断絶は以前よりも激しくなってしまいます。

　さまざまな事情からやむなく強制入院のような形になった場合は、退院後の居場所を考えておくべきです。入院を機会に、一人暮らしをさせることを検討してもいいでしょう。親が当面の生活費を出す前提で、生活についていろいろ条件をつけてもかまいません。そういう善後策なしに安易に入院させると、さまざまな形で禍根を残すことになります。

　ちなみに単身生活を試みる場合は、必ず家賃の上限と仕送りの金額をきちんと決めておいてください。また、支援の期間についても、はっきりさせておいたほうがいいでしょう。親子といえども、そうした「契約関係」をつくるべきです。たとえば、退院後一年間は家賃＋生活費は全額支払う、次の一年は家賃のみ負担する、三年め以降は金銭的援助はしない、といった形です（あくまで一例です）。就労して収入を確保するかどうかは本人次第ですから、その判断は任せましょう。難しければ自宅に戻るか、福祉を利用するかになりますが、その選択も含めて本人にゆだねることです。

中高年のひきこもりの場合は、七〇代や八〇代の親が子どもの暴力を毅然として拒否するのは難しいかもしれません。高齢の方は世間体を気にして警察への通報をためらいがちでしょうし、避難は体力的にも厳しいでしょう。

しかし、通報や避難ができなくても、「入院」という方法があります。子どもを入院させるのではなく、暴力によって怪我をしたときに親が入院するのです。大した怪我ではなくても、大騒ぎして救急車を呼んでください。繰り返しになりますが、救急隊員という第三者が家に来るだけでも暴力に対する抑止力になります。そのまま一カ月ほど入院治療を受けて帰宅すると、ほとんどの暴力は収まるはずです。

くれぐれも、「怪我を押してでも子どものために家事をし続ける」のはやめてください。親の怪我は、暴力を拒否する上で大きなチャンスです。入院するフリをしてもかまいません。いったん親子が離れて、暴力を諦めてもらうことが何より重要なのです。

第六章　ひきこもり問題の歴史・現状・未来

ひきこもり問題に取り組むようになったきっかけ

ひきこもりの存在は、当事者やその家庭にとって深刻な問題であるだけでなく、私たちの社会全体にも大きな課題を突きつけています。このまま三〇〇万人、五〇〇万人、一〇〇〇万人……と増えていく可能性もあるのですから、誰にとっても他人事ではありません。

ここまでは個々の家庭での具体的な対応について述べてきましたが、社会問題としてのひきこもりについてさらに深く理解してもらうために、本章ではこの問題の歴史を振り返ってみようと思います。過去の経緯を知らなければ、未来の対策も考えられません。

いまは「ひきこもり」という呼称が定着していますが、二〇年前に出した拙著の書名もそうだったように、かつては「社会的ひきこもり」と呼んでいました。ときどき私がこの言葉を考え出したと誤解する人がいますが、そうではありません。前にも述べたとおり、かつてアメリカ精神医学会では「Social Withdrawal」という言葉が正式に使用されていました。私が使った「社会的ひきこもり」はこれを直訳したものです。

私が精神科医として「社会的ひきこもり」に取り組むようになったのは、大学院生時代、思春期のさまざまな問題の治療に取り組んでいた稲村博先生に師事したことがきっかけでした。当時、稲村先生は『思春期挫折症候群』（新曜社）という一般向けの著書が広く読まれていて、この本では現在で言う不登校やひきこもり、家庭内暴力などの問題が幅広く網羅されていました。かなり先駆的な内容だったと言えるでしょう。

当時、不登校の問題に深く関わろうとする精神科医はあまりいませんでしたが、稲村先生は早い段階から熱心に取り組んでいました。

「これは子どもだけの問題ではない。学籍がなくなり不登校ではなくなったあとも困っている当事者や家族は大勢いる。これはいつしか大きな社会問題にもなる。そもそもひきこもっている本人が来てくれなければ治療にならない。なおかつ家族も相談を拒むことが多い。どうやって介入すればよいのだろうか」――そんな問題意識を一九八〇年代から持っていたのです。稲村先生に師事することで、私も不登校が抱える潜在的なリスクに留意しつつ、ひきこもり問題にも深く関わることになりました。

一九八〇年代、不登校をめぐる状況

ただし稲村先生のやり方に問題があったことも事実です。私が院生として師事する前に、稲村先生は不登校児を「思春期病棟」と名付けた閉鎖病棟に強制入院させて治療するという試みをやっていました。治療といっても、とくに何かするわけではありません。「嫌悪療法」と呼ばれてはいましたが、要は入院させられた子どもが「こんなところに閉じ込められているのは嫌だ」と考えて再登校するようになる、という話です。当然のことながら、人権面でも道義的にも問題のあるこの手法はマスメディアから激しく批判され、一九八五年に病棟は閉鎖されました。私が大学院に進んだのはその翌年のことです。

さらに一九八八年、稲村先生が「不登校はいずれ無気力症になる」と発言した取材記事が全国紙に掲載されるという「事件」も起きました。ここでも稲村先生は強烈なバッシングにさらされます。「不登校に悩んでいる何万人もの親子を不安に陥れた」というわけです。たしかにその発言は配慮が足らず、学問的にも不正確なものでした。不登校問題の深刻さを広く知らしめたいという焦りがあったのかもしれませんが、軽率な部分があったことは否定できません。

この「事件」以降、稲村先生は学会から実質的に追放された形になりました。私は不登校やひきこもりに関して稲村先生とはかなり違う見解を持っていましたが、それでも「あの稲村博の弟子」として、いわれのない批判や冷遇を受けた時期があります。

強制入院にしろ、「無気力症になる」という発言にしろ、その根底にある問題は不登校を「病気」扱いしてしまったことでしょう。前にもお話ししましたが、不登校もひきこもりもニュートラルな「状態」であって、病気でもなければ、良し悪しの価値判断をする対象でもありません。師匠の事件を含めた当時のさまざまな議論を通じて、私はそのことを学びました。

もちろん、一概に病気とは言えないにしても、まったく精神医療とは無縁な問題というわけではありません。何も問題のない不登校児がいる一方で、治療的な支援を要する不登校児がいることも事実です。医師としては、治療を求めてくる不登校児のニーズに応えられるスキルは持っていたほうがいい。「本当に治療が必要かどうか」を判定することも、医師の仕事の一つです。医師を頼ってきた人を「不登校は医療の問題ではないから」と追い返すようなことはしたくありません。

それに、精神医療では「アンチ・スティグマ」も重要な使命の一つです。社会の中には「不登校が増えると日本経済にダメージを与える」といった偏見がいまだに存在し、当事者や家族はそのスティグマ（烙印）によって追い詰められやすい立場にあります。そうしたスティグマを解除し、偏見を正す啓発活動も、精神科医の仕事の一部です。ですから、不登校問題で医師の関わりを断つのではなく、望ましい関わり方を見出すために対話を続けたいと考えました。ひきこもりについても、まったく同様です。

「ひきこもり」という呼び方の功罪

話が前後しますが、稲村先生が『思春期挫折症候群』を出したころは、思春期に起こるさまざまな問題が、いまほど分類されていませんでした。もちろん発達障害という概念もほとんど知られておらず、「自閉症」は小児科の問題でした。不登校やひきこもりや家庭内暴力などの概念を分けることができていなかったので、稲村先生はまとめて思春期挫折症候群と呼んでいたわけです。いわば「混沌の時代」でした。

いま「ひきこもり」と呼ばれている状態に私が着目したのは、大学院二年めぐらいのことです。外来で診察する人たちの中に、学校を卒業して以降も社会に参加せずに不登校時代と同じ生活をしている二〇歳前後の若者がたくさんいました。

学籍がないので、彼らを不登校と呼ぶわけにはいきません。しかしそれに代わる名前がないので、暫定的に「無気力症（アパシー）」と呼ぶこともありました。当時は「スチューデント・アパシー（学生無気力症）」という概念が普及しつつあったので、とりあえずそこから借用したのです。ですから、一九九〇年に提出した私の博士論文のタイトルも

「思春期・青年期に発症し遷延《せんえん》化した無気力状態に関する研究」というものでした。

しかし、社会参加をしない若者たちの実態は必ずしも「無気力」ではありません。家の中で自分の好きなことをやる人もいれば、しょっちゅう怒って暴れている人もいます。

その実態を示す言葉として最初に「ひきこもり」が使われたのがいつなのかはわかりませんが、最初期の使用例としては、一九八九年に青少年問題審議会が出した意見書には「ひきこもりや登校拒否などの中に見られる非社会的な行動の増加」という文言がありました（牛田莉子「若者のひきこもり――生きづらさの解消――」参照　http://www.f.waseda.jp/k_okabe/semi-theses/1501riko_ushida.pdf）。ちょうど私が博士論文を提出したころです。

さらに一九九〇年代に入ると、「ひきこもり」という言葉が出版物の中でもときどき使用されるようになりました。先述したとおり、私の著書では英語からの直訳で「社会的ひきこもり」としましたが、現在では、わかりやすさを優先して「ひきこもり」と呼ぶようにしています。漢字で「引きこもり」とする場合もあります。

言葉の本来の意味での「ひきこもり」と区別がつきにくいという難点はあるものの、実態をイメージしやすいこの呼称によって理解や連帯が格段に進んだことは間違いありません。この言葉が広まる前は、「こんな状態の人間は自分しかいないかもしれない」と苦しんでいたという当事者の話をよく聞きました。親も「こんな子は世界に一人しかいないんじゃないか」と強い不安を感じていたと言います。

もし世界に「ひきこもり」という言葉が存在するのなら、そうした孤立は解消されます。その言葉によって、同じ状態の仲間がいることがわかるわけです。明確な概念とそれを表すわかりやすい名前がなければ、家族会や自助グループをつくることもままならなかったでしょう。「ひきこもり」という言葉が、当事者や家族の連帯を可能にした。そういう側面は間違いなくあったと思います。

その一方で、「ひきこもり」という言葉がスティグマになってしまったというネガティブな面があることも否定できません。ひきこもりに対する誤解や偏見があるために、明らかにその状態にあるにもかかわらず「自分はひきこもりではない」と認めようとしない当事者もいます。川崎通り魔事件を起こした男性も、伯父伯母の手紙を読んで「俺はひきこもりじゃない」と反発したと報じられました。本来は「たまたま困難な状況にあるまともな人」なのに、世間が「病気」「犯罪者予備軍」「怠け者」「甘ったれ」といった目で見てしまうので、それを受け入れたくなかったのでしょう。どんな名前であれ、功罪両面が生じてしまうのは仕方ありません。マイナス面をできるだけ減らすために、世間の誤解や偏見をなくす努力を続ける必要があります。

「ニート」と「ひきこもり」は何が違うのか

二〇〇〇年代半ばには、ひきこもりとよく似た概念が普及しました。前にも触れた、イギリス発の「ニート（NEET）」です。就学・就労・職業訓練のいずれも行っていない若年無業者（Not in Education, Employment or Training）を指すこの言葉は、二〇〇四年に玄田有史氏（当時・東京大学助教授）と曲沼美恵氏の共著『ニート　フリーターでも失業者でもなく』（幻冬舎）が刊行されベストセラーになって以降、日本でも広く知られるようになりました。

もともとイギリス由来の「ニート」は、一六～一八歳の青少年を対象にした概念です。高校や大学に行かず、就労やそのための準備もせずに暮らしているハイティーンに、将来へ向けた就労や就学の機会を与えなければいけないという問題意識が、その背景にありました。

ところが日本では、その概念を換骨奪胎し、一五～三四歳の青少年を対象としたため「日本版ニート」と呼ばれることもあります。三〇代前半の成人まで含めたこともあって、日本ではニートが批判を浴びやすいものになりました。それ以前に流行っていた「パラサイト・シングル（学卒後も親に生活を依存している未婚者）」という言葉の影響もあったかもしれません。ニートもまた「働く気のない怠け者」のようなイメージを持たれるようになったのです。

さまざまな批判を受けたあと、玄田氏は二〇〜五九歳を対象にした「スネップ（SNEP＝Solitary Non-Employed Persons の略。孤立無業者）」という新しい概念を提唱しましたが、こちらは残念ながら、あまり広がりませんでした。この概念には統計を取りやすいという大きなメリットがあったのですが、定義に「家族以外の人と二日連続で接していない」といった文言があり、孤立状態をスティグマ化しようとしているといった誤解に基づく反発もあったようです。

その後も、働く意志を持ち行動を起こしているニート状態の若者を「レイブル（レイトブルーマー＝遅咲き）」と呼ぶ動きなどがありますが、それも広く定着はしていません。

それはともかく、「怠け者」扱いされやすい点も含めて、ニートはひきこもりと区別がつきにくい枠組みです。しかし、ひきこもりの定義には「六カ月以上、社会参加していない」という要件があります。ニートのほうは、就学も就労もしていないとはいえ、友達や恋人など家族以外の人間関係があることも多い。仲間とのつきあいを通して「社会参加」をしている点でも、ひきこもりと同じではありません。

もちろん、家族以外との人間関係を持たずに自宅にひきこもっていても、就学・就労・職業訓練をしていなければニートにカウントされるので、そちらのほうがひきこもりよりも広い枠組みということになります。「ひきこもりだがニートではない」というケースは定義上あまり考えられませんが、「ニートだがひきこもりではない」という人はたくさんいるでしょう。

ただし、「ニートだがひきこもりではない」という状態はそんなに長続きしないだろうと思います。就学も就労もしないまま同世代の仲間と長くつきあっていくのは難しいでしょう。イギリスのようにハイティーンだけをニートとするなら別ですが、二〇代、三〇代になれば、ほとんどの同世代は職場での人間関係が中心になります。ニートは、そうした居場所を共有できません。そのため孤立してしまい、次第に自宅から出なくなる可能性が高いと推測されます。その意味では、ニートは「ひきこもり準備状態」のような存在なのです。

国はどんな対応をしてきたのか

ひきこもり問題が世の中でクローズアップされたのは、ニートの概念が登場する少し前のことでした。すでに述べたように、二〇〇〇年に発生した新潟少女監禁事件と西鉄バスジャック事件がきっかけです。

そこでひきこもりが社会問題として浮上したわけですが、行政レベルでの対策はすぐには進みませんでした。二〇〇三年に厚生労働省が最初のガイドラインを出しましたが、そこには具体的な対応策はほとんど書かれていません。ひきこもりの数を調査した推計値も、全国でおよそ四〇万人という控えめな数字でした。二〇〇九年から厚生労働省は「ひきこもり対策推進事業」を進めています。ひきこもりに特化した相談窓口であるひきこもり地域支援センターは、この推進事業の一環として各都道府県や政令指定都市に設けられました。

また二〇〇七年には、厚生労働省の補助金（科研費）で国内の主立ったひきこもり専門家を招集し、実態の把握や治療・援助システムを構築するための本格的な研究がスタートしました。研究代表者は、齊藤万比古先生（当時・国立国際医療研究センター国府台病院）。私も分担研究者の一人として呼ばれ、三年計画で研究を始めました。その結果報告としてまとめられたのが、二〇一〇年に発表された「ひきこもりの評価・支援に関するガイドライン」です。第四章で紹介した四段階の支援プロセスも、このガイドラインから引用したものです。

しかしこのガイドラインには、本書で私が主張しているひきこもり観とは相容れないところもあります。ここまで私は「ひきこもりは病気ではない」と強調してきました。それに対して厚生労働省のガイドラインでは、ひきこもりを「メンタルヘルスの問題であり、個々の精神障害の特性を把握することを評価の中心に据えるべきである」と提案しています。ひきこもりをニュートラルな「状態」と見なす私の考えとはかなり距離があります。

ひきこもりは治療・支援を受けるべきなのか

先述したとおり、不登校もひきこもりも、たとえ医療の問題ではなくとも、精神科医には支援に関与する余地がありますし、その役割は大きいと私は考えます。しかし「病気ではないが支援が必要」という発想は、なかなか理解されません。病気ではないと聞くと「ならばただ怠けているだけだから支援は不要」、第三者の支援が必要だと聞くと「ならば治療すべき病気ではないか」と考える人が多いのでしょう。

　このあたり、少々わかりにくいかもしれませんので、少し詳しく説明します。私は著書『社会的ひきこもり　終わらない思春期』で、ひきこもりは治療を受けるべきである、と述べています。この部分はいろいろと批判もあり、私もその後、「治療も有効な支援手段の一つである」という表現に変更しました。すると別の疑問が生じます。「ひきこもりは支援を受けるべき」なのでしょうか。

　現在の私はそのようにも考えていません。ひきこもりのニーズは多様です。支援を求めないひきこもり、支援を求めるひきこもり、いまは支援を必要としていないが、潜在的に支援ニーズを抱えたひきこもり、本人は必要としていないが親が支援を求めているひきこもり、など、さまざまなケースがあります。そのすべてに、一律に、支援の押し売りをすべきではない。これは当然のことです。

　ではどのように考えるべきか。まず専門家としては、本人であれ親であれ、支援ニーズには対応できるようにしておきたい。本書に示したさまざまな方法論は、そのためにあります。本人が支援を拒んでいて親だけにニーズがある場合でも、私は親支援という形で間接的に本人支援が可能になると考えています。いずれにせよ、親には親のニーズを追求する権利はあるでしょう。

本音を言えば、私はすべてのひきこもり当事者は、潜在的に支援ニーズを抱えているという「先入観」を持っています。たとえ表面的には拒否していても、家族関係が変わるなど状況が変化すれば、そうしたニーズが生まれてくることを確信しています。また、だからこそ支援は強制されるべきではないとも考えています。機会あるごとにアプローチを試み、御用聞きよろしくニーズの有無を尋ね、断られればまた次の機会をうかがう。

お節介？　たしかにお節介かもしれません。ただ、こうした「マイルドなお節介」という支援のあり方は、近年依存症業界などでも推奨されつつあるようです。当事者からはそれでも「うざい」「いい迷惑」「大きなお世話」といった声が聞こえてきそうですが、押しつけや強制をしないという条件で、何とか許してもらいたいと考えているところです。

第二章や第三章では「支援を受けたほうがいい」と述べたのに、ここではそれを打ち消す話をしているようにも見え、少し混乱した方もいるかもしれません。もう一度整理して説明しておきましょう。

まず「支援や治療を強制すべきではない」ことが大前提です。次に「ニーズがあれば支援や治療は提供できたほうがいい」。さらに私は「支援などいらない、と言っている人にもニーズが潜在している可能性がある」と考えているわけです。そういう人に向けて「無理にとは言いませんが、もしよかったら支援を受けてみませんか」くらいの声かけは続けていきたい。これが私の考える「マイルドなお節介」です。

「キュア」はされないが「ケア」が求められる問題

ひきこもりは、いわば「医療化」と「福祉化」のはざまにある問題です。現代社会には、そういう心の問題が少なくありません。病気としてキュア（治療）するほどではないけれど、当事者の苦しみをやわらげるためのケア（支援）のニーズはある状態。たとえばわが子を虐待する親の多くは、パーソナリティ障害と言われても仕方ないことをしていますが、そういう診断は下りません。したがって「キュア」はされませんが、なんらかの「ケア」が求められます。自殺願望もそれ自体はただちに病気とは見なされませんが、やはり支援としてのケアのニーズはあると想定してよいでしょう。

薬物依存症にもそういう面があります。「依存症」は病名ではありますが、いまは松本俊彦先生（国立精神・神経医療研究センター精神保健研究所）を筆頭に、キュアよりケア（回復支援）を重んじる方針が追求されるようになりました。それには及ばないものの、私もひきこもり問題を通じて、それに近いことをやってきたつもりです。

ちょっと余談になりますが、ひきこもりを依存症モデルで支援しようとしている医師に中垣内正和氏がいます。家族会や自助グループの有効性など、ひきこもり支援はさまざまな点で依存症の支援と似ています。何より、ひきこもりにどう対処してよいかわからない医師も、「依存症モデルで改善する」と説明されると、理解が急速に進むということです。

厚労省・精神科医が「医療化」を進めたかった理由

二〇一〇年に発表された厚生労働省のガイドラインには、「医療化」を志向する人たちの考えが強く反映されてしまいました。ひきこもりの定義や段階的な支援などには私の考え方も部分的に取り入れられましたが、「ほかの精神障害がその第一の原因とは考えにくいこと」という項目は入っていません。その代わりに、次のような文言が入っています。

「ひきこもりは原則として統合失調症の陽性あるいは陰性症状に基づくひきこもり状態とは一線を画した非精神病性の現象とするが、実際には確定診断がなされる前の統合失調症が含まれている可能性は低くないことに留意すべきである」

この文言は、私から見れば、かなり「医療化」寄りに読めてしまいます。また、「医療化」すべき根拠として、ひきこもりの九割以上がなんらかの病気であることを示すデータも添えられました。精神保健福祉センターにひきこもり相談に来た事例のうち、発達障害が二七％、不安障害が二二％、パーソナリティ障害が一八％、気分障害が一四％、精神病性障害が八％、適応障害が六％だったというグラフです。合計九五％ですから、これを見れば誰でも「ひきこもりは病気だ」と思うでしょう。

しかし、これはあくまでも精神保健福祉センターに来た患者を対象にした調査です。ひきこもり全体を満遍なく調査したわけではありません。精神保健福祉センターでは医療サービスも提供していますから、外来を訪れた人の多くになんらかの診断名がつけられるのは、当然とも言えます。

私も研究メンバーの一人なのですから、こうしたことは本来なら内部で批判しておくべき問題だったのでしょう。あとからいろいろ言うのはアンフェアかもしれません。ただ、発表時点で私一人が反対しても、全体の方針が変わったとは思えません。研究班の活動そのものものやガイドラインの作成は有意義だったと思いますが、こうした「医療化」が支援の役に立つかどうかについては疑問もあります。

これは私自身の反省点ですが、もともと『社会的ひきこもり』という一般書で「デビュー」し、それが広く読まれてしまったため、私自身の活動がアカデミズムよりはジャーナリズム寄りになってしまったことが問題だったのかもしれません。アメリカの大学院生のブルース・ローゼンタールさんが日本のひきこもり政策を研究して博士論文を書いていますが（Bruce Rosenthal:Is It Safe to Come Out Yet? Analysis: Japan's Policy for Hikikomori. Scholars' Press, 2014.）、彼はひきこもりに関わった多くの専門家や官僚にインタビューをしています。それを読むかぎりでは、どうやら厚生労働省の内部でも、ある時期から「斎藤を外せ」という動きがあったとのことです。その主たる理由として、私の活動がアカデミックではないこと、医学よりは社会学的な視点に寄りすぎていること、などがあったようです。

厚生労働省が医療化を進めたかった背景には、おそらく家族会などからの要請もあったと思われます。家族会が医療化を望むのはある意味当然で、ひきこもりを診断名にして保険診療の対象にしてほしいわけです。もちろん当事者は病気扱いを望みませんが、医療費を負担する家族が保険診療を望む気持ちはわからなくはありません。

私も精神科医ですから、同業者が医療化を目指す気持ちは理解できます。ニュートラルな「状態」としての不登校やひきこもりという輪郭の不明瞭な問題を扱うより、発達障害や統合失調症など「脳の病気」として扱えるほうが医師にとってはリアリティがあり、「ならば治療しよう」という意欲も持ちやすいのです。

ただし精神科医が扱う病気の多くは、血液検査などをすれば一発で診断名がつくようなものではありません。いわゆる「バイオマーカー」（脳や身体の異常がわかる検査指標）が存在しないのです。だからこそ、誤診や過剰診断も多い。私が診ている外来には、よそで発達障害の診断を受けたひきこもりの人がよく来ますが、その半分は誤診です。強いて診断するなら発達障害かもしれないけれど、そうした診断に意味があるとも思えません。先にデータを挙げた精神保健福祉センターの診断も、「あえて診断名をつけるならこれ」というケースが多かったのではないでしょうか。

ならば、医療はこれから、どのように「ひきこもり」に関わるべきでしょうか。

すでに述べてきたように、私の基本姿勢は「治療もひきこもり支援の一部として有用である」というものです。その上で、精神科医には以下のことに配慮してもらいたいと考えています。

・家族相談を断らないでほしい。本書なども参考にして、家庭での接し方などをアドバイスしてほしい。

・ひきこもっている当事者を批判しないでほしい。当事者の「甘え」や「わがまま」を批判し、就労を促すような接し方は控え、対話的に対応してほしい。

・薬物療法はほぼ無効のことが多いので、服薬を説得したり無理強いしたりしないでほしい。

・デイケアや居場所、就労支援機関など、地元の社会資源の情報を把握しておいてほしい。障害者手帳の申請、障害者年金の申請、就労支援事業所の活用、必要に応じての薬物療法や緊急時の入院治療など、精神科医でなければできない支援は数多くあります。ひきこもり一〇〇〇万人時代の到来を防ぐためにも、一人でも多くの精神科医が支援活動に加わってほしいと願っています。

「藤里方式」はなぜ大きな成果を挙げられたのか

繰り返しますが、医療はあくまでも支援の一部です。医療化一辺倒では、ひきこもり支援を現に支えている人々の活動の大部分を切り捨てることになりかねません。かけ声倒れにならない「多職種連携」のあり方が問われているのです。医療以外で実際にうまくいっている支援方法があるのなら、私たちはそこから学ぶべきでしょう。

では、これまでひきこもり支援でもっとも大きな成果を挙げてきた支援活動は何でしょうか。おそらくそれは、「就労支援」です。「タメ塾」や「ニュースタート」など、活動歴の長い支援団体は、多かれ少なかれ就労支援を行っています。

自治体の支援活動でもっとも成功した例の一つは、秋田県山本郡藤里町の社会福祉協議会の取り組みです。「藤里方式」は、支援ニーズの把握から、就労支援を基軸とした窓口の開設、高齢者支援にひきこもり支援を組み込むなど、小規模の自治体がひきこもり支援に取り組むモデルとしては世界にも類を見ないほど高度なサービスを提供しています。特筆すべきは、医療や心理の専門家抜きで成立している点でしょう。

こうした活動の多くが、社会福祉協議会の菊池まゆみさんのアイディアと実践によるものでした。

第一章でも触れましたが、この町では全戸調査を実施して、現役世代の町民のなんと九%弱がひきこもりであることを明らかにしました。そこまで踏み込んで調査できたのは、最初から就労支援を掲げて戸別訪問をしたからです。

厚生労働省や内閣府など政府の調査は、「あなたの家にひきこもりはいますか?」と質問して回答を得ようとしますが、菊池さんは就労支援事業をするという前提で各戸を訪ねて回り、「こういう事業を考えていますが、あなたの家にそれを利用できそうな人はいますか?」と質問しました。単に「ひきこもりの人はいますか?」と聞かれても、偏見をおそれる家族は率直には答えづらい。しかし就労支援を受けられるとわかれば、希望を持てるので「イエス」と答えやすくなります。

その調査によってひきこもりの実態が判明すると、町長が問題の深刻さを理解して就労支援の場所をつくりました。さらに菊池さんは、地元産の舞茸を使ったキッシュを生産して、特産品として全国に販売する事業を起こします。そのための作業場を建設し、ひきこもり当事者のための雇用を創出したのです。

もう一つ藤里町が先進的な試みとして行ったのは、ひきこもり支援と高齢者支援の一体化です。きっかけは、こんなことでした。介護ヘルパーが高齢者の家に行くと、そこではひきこもりの孫が一緒に暮らしています。しかしヘルパーの仕事は高齢者の世話ですから、「孫のことも何とかしてもらえないか」と頼まれても、そちらの面倒をみることはできません。そこで藤里町では、ひきこもりの若者をシルバー人材センターなど高齢者が働くところで一緒に雇用することにしました。

当初、高齢者は若者に厳しいところがあるので、きつく叱られるとすぐに辞めてしまうのではないかという懸念もありました。実際、かなりきつい言葉をかけられるのですが、当事者も相手が高齢者だとあまり傷つくことがなく、受け流すことができるようです。高齢者とひきこもりの人をセットで雇用するとお互いにうまくいくというのは、貴重な発見と言えるでしょう。これはどこの自治体でもやれることです。

とはいえ藤里方式には、コアにある思想を理解しなければ、単に「町内のひきこもりを炙り出して就労支援を強要するモデル」に堕してしまう危険が常にあります。菊池さんをはじめとするスタッフの、当事者に対する配慮と距離感がなければ、あれほどの成果に至り得たかどうか。先述した「マイルドなお節介」のイメージは、菊池さんの活動が大いにヒントになっています。

さらに言えば、菊池さんのような熱意と能力を持つ担当者がいなければ、藤里町の就労支援は成功しなかったのもたしかでしょう。ほかの自治体で簡単に真似できるものではないかもしれません。たとえ有能な職員がいてうまくやったとしても、その人が人事異動で現場を離れてしまうと継続できなくなってしまいます。

また、藤里町の場合は人口およそ三八〇〇人という小さい自治体だからこそ、きめ細かい対応ができた面もあるでしょう。たとえば私が時折相談を受けている東京都世田谷区は九〇万人もの住民を抱えているので、とても隅々までは手が届きません。

今後、もし全国的な支援活動の展開を考えるのであれば、藤里方式そのままでは応用が難しいかもしれません。たとえば制度設計をするのであれば、保険をかける意味でも「医療の専門家」の参加は必須、ということになるでしょう。すでに各自治体にひきこもり地域支援センターが設置され、厚生労働省のガイドラインが存在する以上、今後医療を抜きにしてシステムを構築することは難しいと思います。すでに存在するリソースを十分に活用しつつ、その先を見据えたプランを考える必要があるのです。

保健所を中心にした支援ネットワークの可能性

現在、ひきこもりの相談窓口としては、これまでにも度々紹介してきたひきこもり地域支援センターと保健所があります。もちろん地域ごとの温度差はありますが、少なくとも公式にはそういうことになっています。ただ、公的サービスの質には大きな地域間格差があるのが実情です。人手が足りずにまともな対応ができていない自治体も少なくありません。

ニーズの規模やサービス供給の範囲を考慮するなら、人口一〇万人前後のエリアをサービスの対象とする相談窓口が実際的かつ機能的であると考えられます。その規模でのサービス提供を想定するなら、エリアごとの相談窓口として、いま以上に保健所の活用を考慮するべきでしょう。たとえば保健所職員を増員し、短期間の研修を経て、ひきこもり相談窓口業務を担当してもらうようなやり方が考えられます。

そのさいには保健所を中心として、家族会と居場所の有機的な連携ネットワークを構築することが必要でしょう。いずれもひきこもり支援のインフラとして不可欠なものであり、どの地域でも利用可能であると同時に、必要であれば地域をまたいだ利用も可能であることが望ましいと思います。

このほか、近年急速に存在感を増している、ひきこもり自助グループ活動との連携も重要となります。現在、各地で多くの自助グループが活動しており、そういったグループに対して各自治体が会合場所の提供や補助金などで活動支援を行うことが望ましいでしょう。

もちろん、そうしたインフラの整備のみでは十分ではありません。訪問や広報活動で定期的なニーズの掘り起こしをする必要があります。ふだんからニーズを刺激しなければ、次第に利用者が減るのがふつうですが、これをニーズがないと誤解して窓口を閉鎖したり人員削減したりすれば、報道などによる突発的なニーズ増で対応職員が疲弊する、という悪循環に陥りやすくなります。「必ずニーズはある」という確信のもとで、積極的な「ニーズの掘り起こし」がなされるべきでしょう。藤里町のように行政サイドからニーズを掘り起こすような調査をすれば、ひきこもりに悩む家庭が驚くほどたくさんあることがわかるでしょう。

保健所では、安全で暴力的ではないアウトリーチ支援（訪問型支援）の充実を図ることが望ましいと思います。訪問支援員を資格化することで雇用を創出し、元当事者（ピアサポーター）の雇用先とすることもきわめて有意義でしょう。

ひきこもり支援に「高度な専門性」は不要

そのためにも相談員の研修が必要となりますが、私はひきこもり支援においては、医師や心理士なみの「高度な専門性」は不要と考えています。半年から一年程度の短期研修によって数百人規模の半専門家（セミプロフェッショナル）を養成し、現場に派遣することが望ましいでしょう。最終的にはトレーナートレーニングのコースを構築することでリソースの安定化を図ることも必要となるでしょう。

イギリスにはかつて、ニートなどの青少年の自立支援を包括的に行う「コネクションズ」と呼ばれるサービスがありました。このサービスの担い手は、ＰＡ（パーソナル・アドバイザー）と呼ばれるスタッフで、イギリスではＰＡが一万人弱活動しているとのことです。ＰＡの資格としては、おおむね「大卒程度」とされ、医師や心理士のような高度な学歴や知識を求められません。

支援対象とＰＡが個人的つながりをつくり、個別に支援を行う活動として、コネクションズは国際的にも注目されましたが、財政的な事情などから二〇一〇年にイギリス政府はこの事業から撤退しています。ただ私は、いわば半専門家としてのＰＡという国家資格をつくり、支援者の数を確保しようとした方法論については日本でも活かせるのではないかと考えています。

日本の状況に合わせて制度設計を工夫し、当事者の家族や元当事者のピアサポーターなども参加できるようなシステムを設けることで、柔軟で包括的な支援体制はつくれるはずです。

就労によって元気になる、ケアとしての就労支援

先に引用した藤里町では、最初、ひきこもり当事者の居場所をつくったそうです。しかし、ほとんど人が集まらなかった。あるとき菊池さんが、当事者の「本当は仕事がしたい」というニーズを拾い上げて就労支援活動を始めたところ、急に当事者の参加が増えて、

支援活動が軌道に乗り始めたと言います。

ひきこもりのような「軽症」事例とつきあってきて言えることは、「就労によって元気になる」事例は、「元気になったから就労する」事例と同じくらい存在する、ということです。ここから私は「ケアとしての就労支援」を考えるようになりました。さまざまな条件を調整しつつ慎重になされる就労は、ときとして凡百の治療を凌駕する成果をもたらし得るということ。この事実を謙虚に受け入れることも、治療者に必要な態度ではないでしょうか。

ただし急いで付け加えておきますが、就労がケアになり得るためには、いくつかの前提条件があります。

①当事者がすでに治療を受けるなどして、心身ともに安定していること
②当事者が就労を希望しているか、なんらかの興味や関心を示していること
③当事者と家族との関係が良好であること
④当事者の特性に見合った職場ないしトレーニングコースがあること
⑤当事者に家族以外の親密な対人関係があること

これらの条件はすべて必須というわけではありません。こうであるほうが望ましい、と

いうほどの意味です。

この一〇年あまりで、国の政策でもっとも改善が進んだのは、ひきこもりを含む「若年無業者向けの就労支援窓口」が充実したことではないかと私は考えています。かつては、就労先を選ぼうにも、極端に言えば「一般就労」と「福祉作業所」のいずれかしか選択肢がない状況が長く続いていました。これでは、潜在的な就労能力はありながら、ブランクが大きいためにすぐに「一般就労」をすることが難しい若者は途方に暮れるしかありません。しかし現在は、まだ十分とは言えないものの、さまざまな就労支援事業が充実しつつあります。

もっとも利用しやすいのは「地域若者サポートステーション」でしょう。利用者の年齢に三九歳までという制限はありますが（いずれ上限は引き上げられるようです）、障害の有無を問わず、就労に自信のない若者ならば誰でも利用できます。

すでに本人が治療を受けている場合は、障害者手帳を取得した上で、「就労継続支援事業」や「就労移行支援事業」を利用できます。こちらは「障害者枠」にはなりますが、年齢制限は実質ありません。ビジネスマナーからパソコンスキルなど一定のトレーニングを受けながら、一般就労を目指すことができます。事業所にもよりますが、職場体験や、独自の求人情報などを利用できて、就労につながる確率がかなり高まります。

このほかにも「中間労働（中間的就労）」や「ソーシャルファーム」などの事業所も利用価値が高いです。こちらは発達障害などのハンディはあっても、業務内容を限定すればふつうに働けるような人向けの事業所で、もちろんひきこもりの人も受け入れています。

就労移行支援事業を利用するようになってからは、私の就労支援に対する考え方は大きく変わりました。私の外勤先がある千葉県船橋市には、さまざまな事業所ができており、すでに何人もの患者がそうした支援を活用して就職に成功しています。たとえば、一〇年近くひきこもっていた当事者が、短期間のトレーニングを経て、都心のインテリジェントビル内の会社に通っています。彼女は就労で疲弊するどころか、ひきこもっていた当時とは別人のように生き生きと生活を楽しむようになっていきました。就労がはっきりとケアになり得ると直感したのはこの頃からのことです。

ただ、言うまでもないことですが、タイミングを見誤った就労支援への促しは、当事者からすれば苦痛でしかありません。就労がケアになり得るのは、すでにひきこもりから抜け出しつつあるような一部のケースにかぎってのことです。そこは慎重に判断してほしいところです。

ひきこもり支援にも有効な「オープンダイアローグ」

ひきこもり問題だけに関わる話ではありませんが、いま精神医療の分野では、一つの新しい潮流が生まれつつあります。フィンランドで開発された「オープンダイアローグ」（以下ＯＤ）という手法／システムが大きな注目を集めているのです。ひきこもりは「医療化」と「福祉化」のはざまにある問題ですが、ＯＤにはまさに「キュア」と「ケア」の中間に位置する手法という側面があり、ひきこもり支援においてもきわめて応用可能性が高いことが期待されています。

ＯＤは、フィンランド・西ラップランド地方のトルニオ市にあるケロプダス病院において、一九八〇年代から開発と実践が続けられてきました。もともとは、急性期の統合失調症患者に対する治療的介入の方法だったのですが、きわめて高い成果を挙げており、薬物も入院も最小限度にとどめることが可能となりました。再発率の低下、社会復帰率の上昇などのエビデンスも確立されつつあります。

スタッフは、患者やその家族から電話などで依頼を受けたら、二四時間以内に治療チームを結成し、患者の自宅を訪問します。本人や家族、友人知人らの関係者（「ネットワーク」）が車座になって座り「開かれた対話」を行います。ミーティングは、クライアントの状態が改善するまで、ほぼ毎日のように続けられる場合もあります。こうした対話は自宅のほか、病院の外来や病棟でなされる場合もあります。

ODは、理論的な主導者である元ユヴァスキュラ大学教授のヤーコ・セイックラ氏によれば、対話の原点に帰るような側面があります。じつは、カウンセリングなどで常識となっている一対一の場面設定は、かなり人工的で不自然なものだというのです。対話とは本来、複数対複数でやるものなのです。このためODでは「治療チーム」が「患者と家族、知人」とともに言葉を交わすのが原則となっています。

このほか、ひきこもり支援でも応用できそうな、ODにおける「対話のコツ」を見ていきましょう。

ODにおいては、対話の目的は治療ではありません。目的は「対話を続けること」であり、「変化」「改善」「治癒」などは、さしあたり脇におかれます。議論や説得、アドバイスが禁物とされるのも、それらが対話を終わらせてしまうおそれがあるからです。対話をひたすら継続していくと、あたかもオマケや副産物のようにして、改善や治癒が勝手に起きてくる。おおむねそんなイメージです。一見、奇妙なことのようですが、ひきこもり支援においてはとても理にかなっています。

ひきこもり当事者は、自分を変えようとする意図や圧力に、たいへん敏感です。支援者がそうした意図を前面に出しすぎると、かえって信頼されないこともあります。「あなたと対話がしたい。あなたが変わるかどうかはあなたに任せる」。そういう姿勢のほうが、当事者から信頼されやすいのは言うまでもありません。

対話場面に「患者（patient）」と「専門家（professional）」という区別はありますが、「専門家が指示し、患者が従う」といった一方的な上下関係はありません。治療チーム内部にも上下関係はありません。対等性や平等性は、対話が安心と安全の空間で行われるために必要なものです。また、患者にとって大切なことを、患者不在で話すこともありません。重要なことはすべて、患者の目の前で、患者とともに決定されます。

対話においては、合意や調和を目指す必要はありません。「違っていること」は、むしろ歓迎されます。意見の違いがあっても、それを擦り合わせるのではなく、なぜ違うのか、どのように違うのかを掘り下げることこそが大切とされます。対話では、メンバーそれぞれの異なった意見がポリフォニック（多声的）に響き合う空間を目指します。それはシンフォニーやハーモニーとはずいぶん異なった響きとなるでしょう。

これに続く「リフレクティング」では、患者や家族が見ている前で、スタッフ同士が意見交換をし、それに対して患者や家族が感想を述べます。この過程を繰り返すことが、リフレクティング・プロセスと呼ばれます。治療方針に関するアイディアは、この場面で「お盆に載せる」ようにして提案されます。そうすることで、患者が専門家のやりとりを観察しながら、安心して気に入った治療方針を選べるという利点もあります。

対話のすべての過程において、患者の自由と権利、そして尊厳が尊重されます。そうすることで、対話の余白において、患者の主体性と自発性が育まれていくのです。あるひきこもり当事者は、ODによる支援を受けることで、かなりの短期間で社会参加を果たしました。彼は、対話の重要性について、次のように述べています。

「『説得』では結論が先行している。結論が先行しているのならば、ひきこもり当事者は何を言ってもモノローグになってしまう。親との会話を壁と話しているように私が感じたのは、動かしがたい結論が先にあることから生じる無力感が原因だった。このように、ただ一つの結論や答えに収束させようとする『閉じていく会話』では、当事者の主体性や自発性は生まれない。むしろ、当事者を無力にする。『働け』と、ひきこもりを『説得』しても無駄なのは、指示や説教が当事者の力を奪うからだ」（傍点は筆者）と。

まさに彼が指摘しているとおりで、指示や説教、議論や説得、アドバイスやダメ出しは、その内容が正しいかどうかにかかわらず、当事者の力を奪ってしまう可能性があります。これは、ひきこもりにかぎった話ではありません。私はすべての支援者が、このことを肝に銘じておくべきであると考えています。しかし同時に、「対話さえ続いていれば、何とかなる」とも考えています。

率直に言えば、私はすべてのひきこもり事例に対して、対話的支援が有効であることを確信しています。私がODに強い関心を持ったのも、それゆえです。すでに私たちは、就労支援の現場でもODを応用し、一定の成果を挙げています。今後、ODの手法がさらに普及すれば、対話実践は専門家の手を離れ、さまざまな場面に広がっていくでしょう。

ODについて詳しく知りたい方は、入門書として書かれたほか著『オープンダイアローグとは何か』（医学書院）か、原典であるヤーコ・セイックラほか著、斎藤環監訳『開かれた対話と未来』（医学書院）などをご参照ください。また、すぐ実践してみたいという方は、「オープンダイアローグ　対話実践のガイドライン　第1版」がウェブ上に公開されていますので、ぜひ参考にしてみてください。

第七章　成熟化した社会の未成熟な大人たち

「反社会的」から「非社会的」に変わった若者たち

本書では、全国に二〇〇万人以上いると思われるひきこもりを、個人と社会の両方にとっての問題ととらえ、その実態と対策についてお話ししてきました。現状でひきこもりの支援はどうあるべきかについては、おおよそのところは述べることができたと思います。

すでに見てきたように、ひきこもりは日本に特異な現象ではありませんし、また日本社会だけが病んでいるわけでもありません。「社会的排除」や「社会的孤立」の一つの形と考えるなら、日本は他国のようにホームレスが多くはない代わりに、ひきこもりが多いという言い方もできるはずです。

ひきこもりが増えるためにはいくつかの条件があると考えられます。すでに述べたとおり、家族主義の文化があり、成人した子どもが親と同居する割合が高いこと、また、経済的な豊かさも重要な条件です。日本も、たとえば戦前まではいまほどひきこもりは多くなかったはずで、それは日本社会の貧しさと無関係ではないでしょう。働かない子を養えるほど家庭に経済的な余裕がなく、むしろ「口減らし」に奉公や身売りが当たり前だった時代があったのです。高度成長期以降、一九七〇年代からひきこもりが増え始めた背景には、豊かさの副作用という側面もあったと推測されます。

それに加えて、私がここで指摘しておきたいのは「若者」の内面的な変化です。

かつて若者は「反社会的」な存在でした。少なくとも一九六〇年代に激しい学生運動を行った団塊の世代ぐらいまでは反社会的な面が強く、一〇代の殺人がいちばん多かったのもこの世代です。彼らは二〇代になると全共闘運動で内ゲバなどを繰り返し、連合赤軍事件も起こしました。いまは七〇代になって「暴走老人」などと呼ばれています。世代論的な視点から見れば、この世代がもっとも反社会的なエネルギーに満ちていたと言えるでしょう。

その一方で、団塊の世代より下の世代から、若者はどんどんおとなしくなっています。ひところマスコミは、「青少年が凶暴化している」という紋切り型のフェイクニュースを熱心に報道していましたが、犯罪白書を見ればわかるとおり、青少年犯罪は毎年最低水準を更新しています。たまに起こると大々的に報道されるので目立ちますが、それこそ数が少ないことの証拠にほかなりません。

とりわけ一九八〇年代以降の若者の特徴は、反社会性ではなく「非社会性」です。スチューデント・アパシー、パラサイト・シングル、ニート、おたく、不登校、ひきこもり……などなど、ここ三〇年ほどの若者に関するキーワードを並べてみても、その多くは非社会性を意味する言葉です。反社会的行為は「アンチ」の形で社会と強くコミットするものですが、いま並べた言葉はいずれも社会とのコミットを避ける性質を持っており、その意味で「非社会的」なのです。近年は統計上も、若者の非婚率の高さや性体験の少なさが繰り返し指摘されています。貧困という経済的要因もからんでいるかもしれませんが、いずれにせよ多くの若者が、どんどん社会や人とコミットしなくなりつつあることは間違いないでしょう。

未成熟な大人のほうが人気を博す社会

では、なぜ若者は非社会的になり、人や社会とコミットしなくなったのでしょう。これはおそらく「成熟度」の問題だと私は考えます。内面的に「大人」になれないから、社会にうまくコミットできず、また「コミットしたい」という欲望を持つことも困難なのです。言うまでもありませんが、私は「成熟は素晴らしい」とか「人は社会にコミットすべき」と主張したいわけではありません。

私は「社会の成熟度と個人の成熟度は反比例する」と考えています。社会が成熟すればするほど、そこで生きる個人の成熟は遅れる。逆も言えます。人がもっとも早く成熟するのは、いわゆる発展途上地域です。そこでは子どもはいきなり大人になります。武器を持たされて兵士にさせられたり、重労働で使役されたり、ローティーンで結婚を強制されたりします。人にモラトリアムを許さない社会では、人は早く大人にさせられる。かつての日本もそうでした。

しかし経済成長によって、私たちは長すぎるモラトリアムを享受できるようになりました。それは言うまでもなく良いことです。成熟社会というのは、ハンディキャップを負った個人でも、それがない人々と同等の生活を送れる社会を意味します。ということは、未成熟さが不利益をもたらさない社会ということでもあります。

成熟とは一般に、何かを失い、諦めていく過程でもあります。それゆえ成熟を忌避する人も少なからず存在します。成熟しない選択が許される社会で、未成熟さにとどまる人が増加するのは自然なことです。

個人の成熟が昔よりも遅くなっているのは、内閣府の「若者」の定義がどんどん広がっているのを見てもわかるでしょう。かつては三四歳まででしたが、平成二八年の「若者の生活に関する調査報告書」では三九歳までを「若者」としています。まもなくそれを四四歳まで延ばすという話も出ています。就労支援では成熟度に合わせた就労モデルを組まないといけないので、そうやって若者の定義を広げないと、支援の網からこぼれてしまう人が出てしまう。いわば「若者の高齢化」という語義矛盾のようなことが起きているわけです。こう書くと批判しているように聞こえるかもしれませんが、私はこれは現実的な判断だと見ています。

ただ、ひきこもりの高齢化ならぬ全年齢化が進行しつつある現場に鑑《かんが》みるなら、「若者支援」という看板はそろそろ耐用年数切れなので、イギリスのように「社会的孤立」対策にシフトすべき時期なのかもしれません。

しかしその一方で、法務省は成年年齢を一八歳に引き下げることにしました。それによって自立心が芽生えて成熟度が高まると期待しているのでしょうが、これは幻想にすぎません。むしろ、未成熟な年代を無理に大人扱いすることによって、若者の弱者化やホームレス化を促しかねないという危惧があります。

繰り返しますが、未成熟さが悪いこととはかぎりません。むしろ現代社会では、未成熟な人間のほうが有利に見えるところさえあります。ＩＴ企業をはじめとするニューエコノミーが主流化しつつある状況では、デジタルネイティブと呼ばれる若い世代のほうに活躍するチャンスが多いという現実もあります。

たとえば若手の評論家や起業家などには、「大人の事情」を蹴飛ばして子どものように無邪気に振る舞い、なかなか言えない「ホンネ」を代弁してくれるタイプの人が増えてきたように思います。「永遠の三歳児たれ」と提唱する起業家もいるぐらいです。動物には未成熟な器官を残したまま成熟した個体になるネオテニー（幼形成熟）という現象がありますが、いまの日本はネオテニー的な人物が人気を博す社会になっているのでしょう。一部の精神科医や批評家が指摘するような「社会の発達障害化」という側面もあるのかもしれません。

こうした若者の未成熟化、すなわち非社会化の傾向は、ひきこもりの長期化傾向に拍車をかけているかもしれません。私の著書のタイトルは『社会的ひきこもり　終わらない思春期』でした。ここには、ひきこもって一切の対人関係から離れたままの状態では、成長や成熟はきわめて起こりにくくなるという意味がこめられています。基本的にはこの考え方は変わりませんが、長くひきこもっていても、ひとたび社会参加を果たすと急速に年相応の変化が起こってくる当事者も数多く存在します。ひょっとすると「人格」とか「成熟」といった概念は、そう固定的にとらえる必要はないのかもしれません。

「非社会性」という拭いがたい烙印

ひきこもりが未成熟ゆえの問題ならば、治療などしなくても放っておけば、時間の経過とともに解決するように思えます。しかし実際には、それはきわめて困難です。先にも述べたとおり、ひきこもって一切の対人関係から離れたままの状態では、成長や成熟はきわめて起こりにくくなるからです。

ひとたび社会参加を選択すれば、好むと好まざるとにかかわらず、一定の成熟は避けられません。社会参加へ向かう多くの当事者を診てきた印象からも、そのように言うことができます。明らかに「欲求不満耐性」や「情緒的コミュニケーション能力」が向上してしまうからです。いずれも、私が成熟の要件と考えている要素です。

このように、社会参加と成熟は同列にとらえられるとして、どちらが原因でどちらが結果なのでしょうか。つまり、社会参加できないから成熟が遅いのか、成熟できないから社会参加が困難なのか。おそらく、どちらか一方向的に見ることは難しいでしょう。未成熟さとひきこもりは、一種の悪循環の関係にあると考えられます。

もちろん、成熟困難という風潮は、ひきこもりにかぎった話ではありません。ただ、未成熟の表現形が「非社会性」という形式を取りやすくなりつつあること、これは確実に言えます。ここで問題となるのは、そうした未成熟さの形式そのものが、その状態を長続きさせてしまう、すなわち遷延化してしまうという点でしょう。

すでに述べてきたように、未成熟であること自体は現代社会においてはハンディキャップたり得ません。「かつてやんちゃだった自分」を恥じるどころか、自慢気に語る「大人」はいくらでもいます。少なくとも日本社会においては、「やんちゃ＝反社会性」は誇るべきことではあっても、スティグマではあり得ないのです。

しかしその一方で、未成熟さの表現形としての「非社会性」は、いつしか歴然たるスティグマとなってしまいました。「おたく」「不登校」「ひきこもり」、みなそのように見られがちです。ここに問題の根源があります。

この種の未成熟のスティグマ化は、最近になって進行しつつある現象と考えられます。もはや人々は、未成熟さが時とともに成熟することで解消する問題とは考えていません。未成熟さ＝反社会性だった時代においては、未成熟は「いずれ卒業していく一過性の問題」と認識されていました。しかし未成熟さ＝非社会性となった時代においては、未成熟さはあたかも「先天性」かつ「宿命的」な問題となっていきます。具体的に言えば、ひとたび非社会性の烙印を押された人間は、その状態にとどまり続けることを自他ともに認め、受け入れてしまうことになりやすいのです。

この認識を人生早期において育むのは、中学時代から教室を支配するスクールカーストの空間です。一説には上位一〇%の生徒が、中位六〇%、下位三〇%の生徒を支配するとされますが、階層を決定づけるのは、ひとえに「コミュ力」とされています。このとき下位グループに所属する生徒は、コミュ力が低いと見なされただけで、教室空間から実質的に排除されてしまいます。

ここで重要なのは、下位グループの生徒がこうした排除に抵抗するどころか、自ら進んで排除を受け入れてしまう点です。彼らは自身を進んで下位グループに位置づけ、その地位に甘んじ、掃除当番や文化祭の準備といった人の嫌がる雑事を進んで引き受けます。もしそれを拒否すれば、ただ下位グループである以上に辛い事態（いじめなど）が待っているからです。

問題なのは、中高生の時点で下位グループだったという事実を、彼らは自らの宿命のように認識してしまう点です。仮に彼らがその後の進学や就職において成功体験を重ねても、その事実は拭いがたいスティグマとして残り続けることが多いのです。彼ら自身が、自分自身にセルフスティグマという拭いがたい烙印を押してしまうからです。

ひきこもり当事者の多くが、ひきこもっている現状をどこか宿命的に受け入れ、「現状は変えようがない」と絶望しているように見えることと、この状況は深く結びついているのではないでしょうか。

ここまでの議論をまとめておきましょう。社会の成熟化に伴い、多くの個人が未成熟化しました。現代社会にあって、未成熟さのモードは反社会性ではなく非社会性という形式を取りがちです。反社会性は、偏った形での社会へのコミットメントであったがゆえに、時間の経過とともに成熟化が期待できました。しかし非社会性の場合は、社会化に背を向け続けた結果として、成熟の機会をとらえそこなうことになりやすい。結果、未成熟化の帰結としての非社会性、そのきわみとしてのひきこもりは、その状態に長期間とどまり続けるほかはなくなりました。成熟を促そうとする周囲や家族からの対応は、かえって反発や断絶を深めるため、ますます成熟の機会は失われていきます。

ここにもひきこもりの長期化を促す要因があり、この状況が変わらないかぎり、非社会性は今後も拡大の一途をたどるほかはないでしょう。

もし「絶対ひきこもりにならない手法」が発明されたら

このように、ひきこもりという現象は当事者個人の資質だけで原因を語れるものではありません。むしろ私たちの社会がある種の必然として生んでいるものだと考えたほうがよいでしょう。

この二〇年のあいだに、そういう理解はそれなりに進んできたと思います。二〇〇〇年の二つの事件で初めて世間の注目を浴びたときは「働かずに親に養ってもらうのはけしからん」というバッシングばかりでしたが、いまは同情論もかなり見られるようになってきました。とくにネット上の議論は、ひきこもりとの親和性が高いようです。少なくとも、ひきこもりを擁護する声を上げることを躊躇《ちゅうちょ》する必要のない状況にはなりました。

しかし雑誌やテレビなどのオールドメディア、あるいは何でも叩きたがる人たちの集まるネットメディアのコメント欄などでは、相変わらず「怠けているのはずるい」「親の育て方が悪い」「甘えを許すな」といったバッシングが優勢です。ひきこもりは家族以外の第三者に何の迷惑もかけていないのですが、自分とは異なる生き方をする人間を見ると何かひとこと言いたくなる人が多いのでしょう。あるいは、ひきこもりのような現象が社会そのものを悪くするのではないかという警戒心や恐怖心があるのかもしれません。

しかし、ここでちょっと考えてみてほしいことがあります。もし、ひきこもりを未然に防ぐことができたら、それは私たちの社会にとって良いことなのでしょうか。

たとえば、「こうすれば絶対にひきこもりにならない手法」が発明されたとしましょう。小学生ぐらいのうちにそれをやっておけば、その人は死ぬまで絶対にひきこもらず、常になんらかの形で社会参加を続けます。果たしてあなたは、その手法をすべての子どもたちに適用すべきだと考えますか。

ひきこもりをバッシングしている人はもちろん、ひきこもりに同情的な考えを持っている人も、おそらく「イエス」と答えると思います。ひきこもりは家族に負担がかかりますし、本人も自責の念に苦しむのですから、防げるなら防いだほうがいいに決まっている。社会全体にとっても、人々がみんなちゃんと就学や就労をしたほうがいろいろな面でメリットがあるはずだ——そう考えるのが自然でしょう。

でも、私は、ひきこもりを未然に防ぐべき、すなわち予防すべきだとは考えません。なぜなら、まずその発想はひきこもりをニュートラルな状態として見ていないからです。価値判断とは無縁のニュートラルな状態は、そもそも「予防」という発想と無縁であるにもかかわらず、最初から病気、つまり「治すべきもの」と見ているわけです。

また、ひきこもりを予防する方法を子どもたちに適用するためには、まず「ひきこもりは良くない」「ひきこもりになったら人生はおしまいだ」という価値観を植えつけなければいけません。予防接種を打つときは、「この病気は怖い」という情報を与えなければ納得してもらえないのと同じです。

病気が怖いという価値観を植えつけることには、誰も反対しないでしょう。しかし「ひきこもりは予防すべき病気である」という価値観を社会全体が共有するのは、本当に良いことでしょうか。私は、それが社会全体にひどく悪い影響を与えると思います。ひきこもりが批判されるのは、彼らが「働かない」「納税しない」「親を苦しめている」などが主たる理由でしょう。しかし、生産性の有無で人の価値を判断するという発想は、きわめて危険です。

そうやって世の中の大多数と違うものを「悪」として排除しようとする発想は、いわゆる優生思想につながりやすいものです。しかしこういう考え方をする人は、決して少なくありません。不登校児の支援を行うフリースクールの中にも、「経済的な損失を招きます」などと不登校を社会悪としてとらえ、全員を再登校させることが社会正義であるかのように喧伝《けんでん》するところがあります。いまは文部科学省でさえ「不登校は問題行動ではない」と言っているのに、それをなくすことが社会の浄化につながると考えているに違いありません。

「ひきこもりもいる明るい社会」を

「働きアリの法則」というものがあります。「働きアリの二割はよく働き、六割はふつうに働き、二割は怠ける」という法則で、集団が行動を起こすときにほぼ必ず見られる現象とされています。私はこれを社会にも応用できると考えています。

社会は常に「無為で怠惰（に見える）二割」を必要としている。それが労働力のバックアップなのか、それとも別の意味があるのか、その点はいまは不問とします。ただ私には、二割程度の不活発な人口を抱える社会のほうが健全に思えるのです。とくに根拠はありません。あくまで直感です。

言うまでもなく、ひきこもりはその二割に含まれます。そしてその二割は、無駄な二割などではなく、社会が円滑に活動を続ける上で必要とされる二割なのではないでしょうか。「一億総活躍社会」みたいなおそろしい標語よりも、「二割サボっても回る社会」を目指すほうが、バランスとしてはいい気がします。

「ひきこもりを根絶するのが社会の浄化につながる」という価値観に支配された世の中を想像してみてください。おそらくその社会では、心身の疲れた人がちょっと休養を取ることさえ白眼視されるでしょう。精神的に参って死にたくなったとしても、外部に助けを求めることが許されない社会です。これはもう、ブラック企業が優良企業に見える「ブラック社会」としか言いようがありません。

現状から一足飛びで、ひきこもってよい社会を目指すことは難しいかもしれません。しかし、「ひきこもっても大丈夫な社会」までなら達成できそうに思います。まずはそこを目指して、支援のスキルやネットワークを充実させていく必要があります。

「ひきこもりのいない明るい社会」はあり得ません。あり得ない以上に、意味がありません。苦しければ休養し、他人に助けを求めることができる緩い社会を志向するなら、むしろ私たちは「ひきこもることがふつうである社会」を目指すべきです。

おまえはこの本の最初のほうでひきこもり一〇〇〇万人社会の到来は食い止めたい、と明言しておきながら、最後で「ひきこもることがふつうである社会」を目指せとか、矛盾も甚だしいではないか、と思われたかもしれません。いったい、ひきこもりは予防すべきなのか促進すべきなのか、どっちなんだ、と。

たしかにその疑問はもっともです。最後にもう少しくわしく説明しておきましょう。

ひきこもりが増加し続けているのは、ひきこもることが恥とされ、差別され、排除され続けたことが最大の要因です。「予防」の発想も、度が過ぎればこうした偏見を助長してしまうでしょう。むしろ「人はひきこもることがあってもいい」「どこでも、誰でも、いつからでも、ひきこもりは起こり得る」「まともだからこそひきこもる」といった考え方が広く共有されれば、ひきこもりは排除されにくくなり、一定以上に増加することはなくなると考えています。理由の一つは、偏見がなければ私が言う「ひきこもりシステム」も成立しなくなるからです。これこそが私の考える「ひきこもりもいる明るい社会」のイメージです。

再び根拠なく断言しますが、もしひきこもることが一〇〇％容認される社会が実現したら、長期間ひきこもってしまう人は激減するでしょう。予防という発想を捨てることが、最大の予防策になる。三〇年余りの実践を通じて、私はいま、そのように確信しています。

おわりに

二〇一九年は、約二〇年ぶりに「ひきこもり」問題が大きくクローズアップされた年でした。内閣府の調査報告、「８０５０問題」、ひきこもりが関与する事件報道、などが立て続けに起こり、私の身辺もしばし騒然となりました。

ひきこもりについての最初の本、『社会的ひきこもり　終わらない思春期』が出版されたのは約二〇年前の一九九八年。実は今回の「ブーム」を受けて、この本も新装版が出版されることになりました。ひさびさに読み返してみたのですが、意外に内容が古びておらず、さほど多くの訂正をせずに済みました。これはこれで、いま読んでも十分に有用な本だと思います。

ただ、この二〇年間で、ひきこもりの本質はともかく、取り巻く状況は大きく変わりました。「ひきこもり対策推進事業」をはじめ、国の政策もそれなりに進展し、新たな治療的支援の手法や、就労支援事業、あるいは国際比較などの研究も進みました。私自身もフインランド発の「オープンダイアローグ」と出会い、ひきこもり支援に応用を試みるなどの変化がありました。

そうした変化を反映しつつ、いま現在の「ひきこもり」支援についての自分の考えをまとめてみたい。そんなふうに漠然と考えていたところに、本書の企画が持ち込まれたのです。

この本の編集を担当してくれたのは、幻冬舎の小木田順子さんです。実は彼女は、『社会的ひきこもり』を担当してくれた「恩人」であり、幻冬舎新書でも『思春期ポストモダン』を担当してくれました。二冊めのひきこもりの新書を出すなら、まさにこのタイミングがベストだったでしょう。ただ、依頼があった時点で私は、なかなか脱稿できずにいた翻訳書や論文集の原稿と格闘している真っ最中で、とても書きおろしを引き受けられる余裕がありませんでした。

そこで彼女が提案してくれたのは、「語りおろし」に近い進め方でした。幻冬舎の会議室で、小木田さんとライターの岡田仁志さんによるインタビュー形式での質問に答え、それを原稿にまとめてもらい、大幅な加筆修正をしてできたのが本書ということになります。

ＮＨＫのテキストなど、語りおろしで本をつくった経験は何度かありましたが、さすがに新書一冊というのは初めてのことで、不安がなかったと言えば嘘になります。しかしできあがってみると、構成や文体などを含め、私が一から書くより読みやすい。そもそも今回は、入魂の一冊を満を持して世に問う、というタイプの出版ではありません。ジャーナリスティックな速報性とわかりやすさを重視しつつ、タイトルもほとんどひねらずに『中高年ひきこもり』としたわけです。本書が少しでも多くの読者に届くことを願ってのことです。

まとまらない私の語りを本の形に整えてくれたライターの岡田仁志さん、ホテルでの缶詰をはじめ当方のわがままにしっかり対応し、緻密な校閲で迅速に仕上げをしてくれた小木田順子さんに、心から感謝いたします。

二〇一九年一二月九日　今年一番の冷え込みだった水戸市百合が丘町にて

斎藤　環

著者略歴

斎藤《さいとう》 環《たまき》

一九六一年岩手県生まれ。
筑波大学大学院医学研究科博士課程修了。医学博士。
爽風会佐々木病院等を経て、筑波大学医学医療系社会精神保健学教授。
オープンダイアローグ・ネットワーク・ジャパン（ＯＤＮＪＰ）共同代表。
専門は思春期精神医学、病跡学。
『文脈病　ラカン・ベイトソン・マトゥラーナ』（青土社）、
『社会的ひきこもり　終わらない思春期』（ＰＨＰ新書）、
『思春期ポストモダン　成熟はいかにして可能か』（幻冬舎新書）、
『世界が土曜の夜の夢なら　ヤンキーと精神分析』
（角川書店、第11回角川財団学芸賞）、
『オープンダイアローグがひらく精神医療』（日本評論社）、
『開かれた対話と未来　今この瞬間に他者を思いやる』（監訳、医学書院）
など著訳書多数。

幻冬舎新書 579

中高年ひきこもり

二〇二〇年一月三十日 第一刷発行

著者 斎藤 環
発行人 志儀保博
編集人 小木田順子
編集者 小木田順子
発行所 株式会社 幻冬舎
〒一五一-〇〇五一 東京都渋谷区千駄ヶ谷四-九-七
電話 〇三-五四一一-六二一一(編集)
〇三-五四一一-六二二二(営業)
振替 〇〇一二〇-八-七六七六四三
ブックデザイン 鈴木成一デザイン室
印刷・製本所 株式会社 光邦

Printed in Japan ISBN978-4-344-98581-0 C0295
さ-4-2
幻冬舎ホームページアドレス https://www.gentosha.co.jp/
*この本に関するご意見・ご感想をメールでお寄せいただく場合は、comment@gentosha.co.jp まで。

幻冬舎新書

泉谷閑示

仕事なんか生きがいにするな

生きる意味を再び考える

「働くことこそ人生」と言われるが、長時間労働ばかり蔓延し幸せになれる人は少ない。新たな生きがいの見つけ方について、古今東西の名著を繙きながら気鋭の精神科医が示した希望の書。

森博嗣

悲観する力

成功したいなら、悲観せよ！――ポジティブ・シンキングにはなんの意味も価値もない。豊かな社会ゆえの楽観を排し、人間に決定的に不足する「エラーの想定＝悲観」の有効な技術を伝授する。

岡田尊司

社交不安障害

理解と改善のためのプログラム

人前で話すのが苦手で、すぐ緊張して自然に人付き合いができない状態は「社交不安障害」といわれる。カウンセリングセンターで使われるプログラムを紹介しながら、克服の方法を実践解説！

阿部恭子

家族という呪い

加害者と暮らし続けるということ

「家庭を持って初めて一人前になれる」とはよく言われるが、家族によって不幸になる例は後を絶たない。加害者家族を支援する著者が不幸な家族と幸せな家族の分かれ目を明らかにする。

幻冬舎新書

阿刀田高

老いてこそユーモア

ユーモアは、人生を豊かにしてくれる。知的な言葉から生まれるものなので、年齢を重ねたほうが扱いやすい。九百編以上の短編作品を生み出してきた著者が、ユーモアの本質とその身につけ方を考察。

小池龍之介

解《げ》脱《だつ》寸前

究極の悟りへの道

仕事を捨て住所を捨て、古代インドの修行僧と同じ、野宿の瞑想生活に旅立った著者。これまでの10年以上におよぶ修行の日々から得た気づきと、さらに深い修行に入る覚悟を記した、「小池龍之介」最後の書。

浅羽通明

『君たちはどう生きるか』集中講義

こう読めば100倍おもしろい

マンガ版『君たちは…』がつまらないのは、原作の凄みを全て削ぎ落としてしまったからだ。説教臭い古典が、現代にも通じる諸問題を初恋物語に包んで訴えるエンタテイメント小説として甦る。

梶谷真司

考えるとはどういうことか

0歳から100歳までの哲学入門

ひとり頭の中だけでモヤモヤしていてもダメ。考えることは、人と問い語り合うことから始まる。その積み重ねが、あなたを世間の常識や不安・恐怖から解放する――生きることそのものとしての哲学入門。